水月

系列

水月

系列

系列

系列

針鋒不相對

以「尊重」與「自由」為名，

大學校園裏，師生共舞，高潮迭起。

在有話直說、一針見血的教學現場背後，

其實含藏著為人師表觀機逗教的智慧，

與暗下鍼砭的一番苦心……

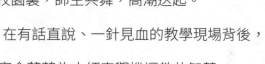

目錄

輯一　見招拆招

輯二 想方設法

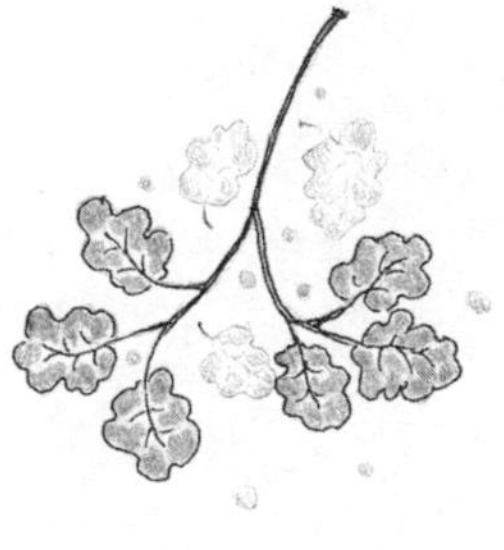

輯三 機會教育

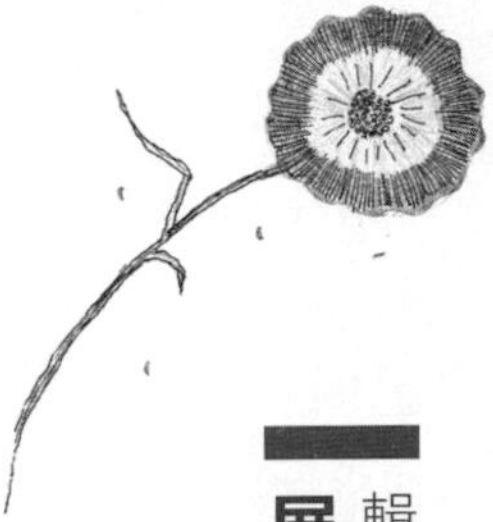

輯四 展翅高飛

【推薦序】當「老師說」不只是個遊戲

毛萬儀

她是謝主任、謝老師，曾經也是謝校長、謝律師。學生稱她為「啄木鳥老師」，因為他們知道，謝主任會毫不客氣地啄掉他們身上的害處，讓他們更美好。謝主任常笑說，因為她是外國人，可以從外國人的觀點指出臺灣教育的問題。所以，她其實也是教育工作者的啄木鳥呢！

第一次聽她演講時，我毫無防備地被感動得哭了；第二次，也哭了；第三次，還是哭了。她總是操著堅定的口吻，毫不猶豫地直接指出許多教育迷思，而這些觀點背後，卻是她對生命意義深遠的省思、對學生成長滿懷的疼惜，和對教育價值不畏所難的堅持。

近幾年來，有人說是因為「大環境」、有人說是因為「少子化」、有人說是因為「資訊虛擬化」等因素，教育場域常常彌漫著不知如何是好的挫折感和著急感，不免有人會感嘆：「時代不同囉！」確實，時代在變，但是我認為，美好的價值文化，仍然需要致力透過教育傳遞給學生；我很開心，這個想法，從謝主任身上獲得了共鳴。

書中一篇篇謝主任和學生互動的故事，生動鮮活，常讓我拍案私呼：「對！我也碰過這樣的孩子！」她挺身面對不同的學生情緒，直戳學生的盲點（或許也是學生不願意面對和承認的「死穴」），讓學生必須和她一起面對自己一直逃避的問題，最終能擁抱自己、疼惜自己、激勵自己變成更美好的人。她也和學生一起面對人生的難，為未來尋一個怎麼也不能隨意放棄的「可能」。

書中的每個孩子，都曾出現在我們的課室、班級，他們就存在我們的身邊，我們要一起給孩子勇氣，給孩子擁抱，給孩子堅定，讓他們看見自己身後的翅膀，讓他們看見未來可去的方向，然後，給他們祝福，鼓勵他們：「孩子，放心去飛吧！」

小時候，很愛玩「老師說」的遊戲，總想著長大要當老師。想當什麼樣的老師呢？過去總是對「老師」角色存有著許多隱喻，看完本書，我對自己說，當「老師說」對我已不再只是個遊戲，就好好去「做」，當個對學生「有意義」的老師吧！

（本文作者為經國管理暨健康學院學務長）

【推薦序】非是遠來求食啄　只思除卻蛀心蟲

何縕琪

許多人小時候一定在國語課讀過「啄木鳥醫生」，課文描述這位發出「叩叩叩」聲音的新鄰居，原來是讓樹木更健康的醫師，因此暖暖森林的小松鼠不只拿點心招待牠，還帶著牠跟其他動物打招呼，大家都很歡迎啄木鳥醫生。

認識被學生稱為「啄木鳥老師」的麗華主任，早在她任職於慈濟基金會教育志業發展處時；說真的，她那銳利的眼神與一針見血的話語，才見面就可能讓人感受到「震撼教育」，認識的朋友會安慰說：她是從馬來西亞來的「外國人」，不熟悉臺灣人的「關係」和「說話方式」。但，事後仔細想想，不得不承認她的見地通透無比，比你自己還了解自己。這種直指問題根本的能耐，如果聽得進去，真的可以幫助自己除去身上的「害蟲」，讓身心更健康。

閱讀《針鋒不相對》這本書，相信你會跟我一樣，一翻開就愛不釋手，一直想讀完。本書共分為四輯：見招拆招、想方設法、機會教育、展翅高飛，內容看似麗華主任面對與應對學生問題的故事，但篇篇讀來，你會為她精準的判斷力，以及如珠的犀利妙語拍案叫絕：好一位醫心的良師！

「非是遠來求食啄，只思除卻蛀心蟲。」這位曾在馬來西亞當過職業律師和獨立中學校長的麗華主任，擅用她的「理性腦」與「管理手」，先「診斷」再「開刀」，雖然有時不留情面，但因為真心愛著每位孩子，她的感性和慈悲，總是讓許多學生即使被狠狠「修理」過，卻一輩子忘不了這個有智慧、亦師亦友的主任。

和麗華主任一樣長期帶志工隊，但我們因為個性和擅長不同，所以風格迥異。我們都愛學生，都透過志願服務引導學生成長，不過，我將帶學生服務當學術研究，寫成了論文專書；她則把帶學生服務寫成一篇篇生命故事，讀來更為雋永深刻。啄木鳥雖然是「樹醫生」，但也不可能醫治好每棵樹木；麗華主任在文中也自陳：「『啄木鳥老師』的捉蟲功夫也不一定每次都到位，但每位老師都是一樣的心思：只要學生能領受，看著他們一天天健康茁壯，就是教育者最大的快樂。」

本書另一個讓讀者眼睛為之一亮的是，每篇文章前面都有一小段文字摘述重點，就像劇情摘要一般；而文章最後則是「啄木鳥老師」引導學生的智慧話語，非常值得讀者細細品味。

如果您是老師，推薦閱讀本書，因為它會幫助你在面對學生時，找到因材施教的觀點和方法，如書中所言，「只要心不打結，跟學生就不會有過不去的心結」。如果您是家長，也推薦看這本書，因為它會讓你在面對孩子時，看到他們內在的需求和想法，因為「放手讓他吃苦，幫助他理解是非對錯，才是給孩子一輩子最好的禮物」。如果您是學生，更推薦閱讀本書，因為雖然不一定能在學習的過程中遇到像麗華主任這樣的老師，但你會發現：原來每個人生命的畫布和風景都不同，命運不見得能合乎我們的理想，「懂得收回錯用的抵抗，找回自在人生的力量，發揮在可以改變的事情上，生命可以無限寬廣」。

（本文作者為慈濟大學教育傳播學院院長）

【推薦序】向「啄木鳥老師」學習

蔡群瑞

麗華主任是我在慈濟科技大學十分敬佩的前輩，剛進學校服務時，我就被她遇事直接果敢、對人熱情友善的特質吸引，後來互動的機會愈來愈多，發現自己很喜歡聽她說故事，特別是面對學生似是而非的挑戰，她如何臨危不亂，見招拆招，一步步引導學生改變；不僅情節生動有趣，也蘊含深意和教育愛。

麗華主任將自己與學生互動的故事，集結撰寫成《針鋒不相對》一書，這是件令人興奮的事情；身為讀者，我在閱讀的過程中獲得許多啟發，無論是作為老師的角色，或是對自己的提醒。

「愛孩子，不是什麼都給他。放手讓他吃苦，幫助他理解是非對錯，才是給孩子一輩子最好的禮物。」一書中這段話語讓我回想起，自己還是新手老師時，每每跟遭遇困境的學生談完話，心情總是十分沈重。

因為不捨學生辛苦，想方設法為他們四處張羅；然而，隨著輔導經驗增加，我察覺到為學生做太多，反而剝奪他們學習成長和懂得感恩的機會，畢竟有些事情要親身經歷，才能體會箇中滋味。

所以，當孩子遇到發展性議題時，父母或老師千萬不要越俎代庖，我們可以向「啄木鳥老師」學習：相信孩子、耐心陪伴、回饋所見、給予支持和肯定。

我很認同麗華主任對「反思」概念的詮釋，她認為「反思是反求諸己，在別人的需要中看到自己的責任」。

一個人能透過反思修養自身已是不易，還要從別人的需要中看到自己的責任更是難得，就如同書中某些學生在參與志工服務後，不是批評安養院現況，而是思考自己能為安養院的長者做什麼——教導學生進行反思，對現今的教育非常重要；我們不該只是獨善其身，更要兼善天下，珍惜手心向下所擁有的福氣，讓「七顆蘋果變八顆」，從自己開始做起，讓世界更美好。

我誠心向您推薦本書，相信您也會和我一樣，透過閱讀感受到麗華主任說故事的力量：從一個個栩栩如生的故事產生共鳴，獲得感動與啟發。

（本文作者為慈濟科技大學學生諮商暨生涯輔導中心主任）

【推薦序】撼動沈睡的青年世代

陳皇曄

很高興謝麗華主任的教育理念與實踐文章集結成《針鋒不相對》出版，身為她的教育夥伴，有幸見證這些教育現場的故事，透過她敏銳的觀察力，直指大學生問題核心——缺乏「自我覺察（self-awareness）」，也就是認識自己的能力。本書透過師生的機鋒對話，重現栩栩如生的教育場景，充滿教育契機，讀來精彩過癮。

麗華主任在書中描述相當多現今大學校園的現象——源於自我認識的不足，部分大學生呈現出生活缺乏目標、持續力不足、紀律不彰、溝通落差等現況，有時「自以為是」造成是非好壞不分，被「情緒綁架」無法自我反思，而「自信」建立在缺乏內涵的淺閱讀，禁不起考驗。本書提供給我們省思，當無法自我覺察，找出與自己、與他人和諧相處之道時，會影響自我發展、人際關係、團隊合作、專業學習與職場和諧。

不同於傳統老師的輔導方式，麗華主任能「觀機逗教」，引導學生勇敢面對自我的不足；幾次身在教育現場，都會為她的直白話語捏一把冷汗。面對挑戰或衝突，如何化解？觀察到麗華主任教育信念背後，有分「真誠而無私」的心念，能讓學生心生感應，看見問題本身從來不在別人，而在自己不夠自信，明白能夠面對自己的缺點也是一種自信心的表現。她總能示範給學生「正面迎擊（positive confrontation）」溝通的正向意義，這分「愛的堅持」，到最後總能轉化為具有教育意義的寶貴經驗。

身為教授管理專業的老師，一直認為在管理領域的「領導力」是不容易教授的主題，要能具備個人魅力及理念，集結累積各項軟實力，才能成就「領導力」，也就是書中談到的「影響力」。麗華主任本身展現強大「領導力」的特質，書中描述教育場域並不局限於課堂，在親善大使的培訓、劇場的展演、在生活互動中，傳達「領導不需要頭銜，只有承擔才會成長」

訊息給學生。她展現高度自信、正確價值觀、自我反思，以正能量激勵人心，足以撼動沈睡、自我感覺良好的青年世代。

現今大學管理教育，專注在傳授「硬實力（Hard Skills）」的專業知識與技能，但根據美國馬塞爾・羅伯斯（Marcel Robles）教授針對五十七位企業CEO調查顯示，「最受職場重視的前十項軟實力依序為：誠實正直、溝通表達、職場禮節、責任感、社交力、正向態度、專業精神、適應力、團隊精神、工作倫理。」

書中這些富含教育意義與人文精神的故事，提供了培育大學生軟實力的最佳案例，也讓我感受到麗華主任對教育堅定的信念，那分直率又能溫暖人心的誠意，從理解人性出發，引導學生面對「真我」，正視自我情緒，了解不足之處，進而願意改變，提升自我人格。學生給麗華主任「啄木鳥老師」的稱號，是對老師至高的尊崇與敬意，是充滿榮耀的教育桂冠。

（本文作者為慈濟科技大學行銷與流通管理系助理教授）

【作者序】「啄木鳥老師」養成記

小時候我在鄉下學校念書，校長林道深是一位嚴肅但充滿愛心的教育工作者；他平日住在學校宿舍，放學後還會到校外去巡視。當抓到學生校外行為不軌，除了即刻糾正，還會帶回學校懲罰；小男生惹禍了，隔天上學前屁股還會墊著簿子，準備迎接校長的藤鞭。就是我，也曾領教過校長的教訓；大家提起校長，盡是緬懷和稱頌他的責任感和教育愛，好像被打過，是一個「被教育過」的榮譽見證。

老校長在鄉下小地方一待十多年，被派往他校時，我剛好小學六年級，他到各班送給每一位同學柑仔（橘子），勉勵我們要努力讀書，將來才能「苦盡甘來」；說時，我們師生都淚眼相望，很多的不捨。

我不知道為什麼對這一幕印象特別深刻；從此以後，校長成了我人生中景仰的人。之後，我每年都會給校長寄賀年片，校長也必回信給我。我們一直保持聯絡，我也多次去探望過校長，直到二〇二〇年二月校長與世長辭。

校長像父親一樣關心我，對於我每一個職涯的轉變，還有參與的社會工作都了如指掌。我每次都跟他重提「苦盡甘來」的故事，告訴他我有聽進去，校長表示很欣慰。

後來，生命中出現的幾個重要的老師，在成長階段給了我很多的觀念導正；像我們成績不錯的學生難免得失心重，老師或用「諷刺的」、提醒的，及時糾正我們觀念的偏差，引導我們多為班上同學付出，成為「有用的人」，而不是聰明的人。

當然也有老師很真誠地疼惜、教導、陪伴，從中學到大學畢業，亦師亦友，互動就像家人般，像黃雅施老師；是他們在我心裏種下了將來也要成為一位老師，幫助學生成長的心願。

只是因緣際會，我大學進入法律系，而後當了幾年律師，也在那近十年的浸潤中漸漸形塑了律師個性，之後才轉任教育工作。還好有因緣接觸證嚴法師，他引導我認識佛法，他教育眾生的智慧讓我深深著迷，不僅啟發了我，也試著學習。

只是畢竟是外國人，剛來到臺灣時，雖然我也聽得懂、說得了中文，但總是在溝通和表達上讓人覺得衝擊，讓自己覺得委屈。後來透過反省、修正，我慢慢變成一個快樂的老師，可以講心裏的話，學生似乎也能夠理解、接納老師的建言，並給我起了「啄木鳥老師」的外號。有時他們來聊心事，有時我主動發現問題，教學相長，於是一個又一個的故事就自然地發生了。

當《針鋒不相對》一書整理、編輯完成，重讀時，我才發現，在我和學生互動中，有很多當年師長為我付出的影子，我不知不覺地在複製當年小學校長的嚴肅與愛，還有中學老師調侃、刺激、激勵我們的語氣。原來教育愛是可以被傳承，重要的是過程中的「真誠」。

當年我的老師如此的誠懇，給我們的愛那麼無私，那是我一輩子最珍貴的禮物。所以，現在人家問我，教育那麼艱難而充滿挑戰時，要用什麼心態？我都會說：「對待學生以誠，反觀自己以正。」唯有內心無私、不討好，沒有被激怒，我們才能夠正確地幫孩子「把脈」，並施於苦口良藥。

在〈藥師如來十二大願〉的第三願：「願我來世得菩提時，以無量無邊智慧方便，令諸有情皆得無盡所受用物，莫令眾生有所乏少。」當老師的，也應該有此志願，上求佛道，下化眾生，希望有無邊智慧方便，隨順不同的根機，令學生皆得無盡受用的人生智慧，將來也能富足、快樂；就是有苦，也會苦盡甘來。

拙作數篇，野人獻曝，雖非嘔心瀝血之作，卻絕對有笑有淚，所以還是跟教育同道說，不要相信教育「有教無淚」。

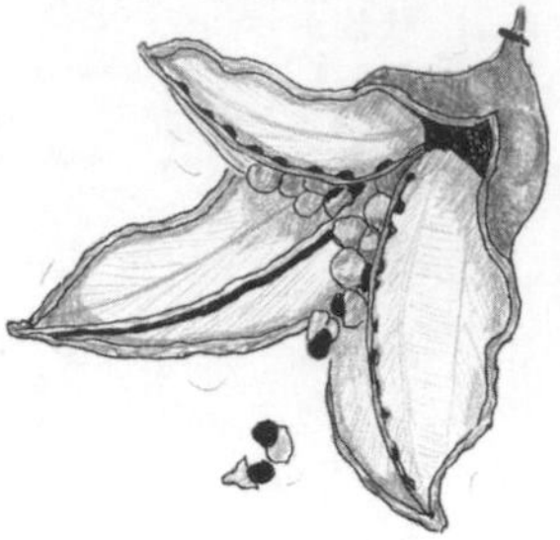

輯一｜見招拆招

大學生活怎麼過

進入大學的第一要件是什麼？
我認為：安排時間，就是安排人生。

在新生營隊裏，許多剛進大學之門的孩子一臉疲憊，整個斜躺在舒服的講堂沙發椅上。我被請到前面「喚醒」他們，好讓下一個講師可以好好上課。

接過麥克風，我先問同學：「睡得舒服嗎？椅子舒服嗎？」他們這才懶洋洋地挪動一下身子；接著，我跟他們說：「如果你是用這種心態來上課，這麼舒服的椅子也只有學生時代可以坐一下，之後它就不屬於你們的了！」

「同學們，將來要坐舒服的椅子，先要有正確的態度。你才初進校門，現在要給大家講課的老師，都是社會經驗很豐富的人，聽一聽別人的經驗很重要。」

看見最前面一排的同學，腳上大都穿著各種名牌的新鞋子，我在現場進行調查，還真的是大部分人都買了新鞋子。我順勢說：「新鞋子沒有舊鞋好穿，但是因為你們進大學了，父母都很願意為你們添購新鞋。我相信鞋子是你們自己選的，大學也是你們自己挑的，要穿著新鞋走上全新的學習旅程，總要拿出態度來。」這時候，才見大家眼睛慢慢睜開——這是現今大學生的臉譜。

週末剛好有一堂「大學生活怎麼過」的培訓課程，對象是剛入學兩個月的新生。我讓學生先就他們對於大學生的定義進行討論。有同學提到，自己到國外交流才發現，臺灣大學生在課堂上睡覺的情景，在其他國家並非常態；有來自馬來西亞的同學分享，華人在當地得比常人付出更多心力，才能爭取進入國立大學就讀的機會，反觀臺灣的讀書氛圍相對輕鬆……

同學普遍都認同這些分享，覺得現在臺灣面臨少子化、入學容易，大家都不甚認真看待大學生活；課堂上老師問問題時，大家都不太喜歡回答，花很多時間玩手機。

我隨口問大家，中學時有沒有補習？絕大部分同學都說「有」，經常得補到晚上九點、甚至十點。我跟他們開玩笑說：「現在我明白了，大家高中時補習，進入大學就來補眠了！」

可是大學生活很珍貴，臺灣高教資源也很豐富，這正是我要跟他們討論大學生活怎麼過的原因。很欣慰有七、八十位同學願意在週末主動前來參加一整天的培訓課程，據我所知，臺灣的學校不能隨便安排週末課程，因為不光是老師要犧牲週末，也要考量那是學生的「休息時間」。

進入大學的第一要件是什麼呢？我跟同學說：安排時間，就是安排人生。「別人的『休息時間』變成你的『學習時間』；你安排了不一樣的活動，自然有不一樣的收穫和成長。」

但我也知道大學生「發心容易，恆心難持」，於是又跟他們說：管理時間，就是管理人生。「一個人如果只管今晚高興，沒想到明天還要上課，學習要有效、精神要飽滿，那我可以告訴你，連明天都看不到，更不可能會看到未來。」

照著規畫做自己想做的事，這是多麼不容易的事，許多大人也不一定有時間管理觀念。回憶起來，我還真感激當年的籃球教練，就在我面臨課業跟球隊訓練的壓力時，他適時點醒我，「管理好時間，也是大學生必學的功課。」我後來也真的訓練自己管理時間的紀律，將已然安排好的事項，照著時間表做好——先做好功課，再把籃球訓練當成放鬆自己的時間；後來不只參加了全國學聯籃球賽，還以不錯的成績畢業。

現在換我傳承經驗，也跟這群同學分享，大學生活要過得有意義，就必須要有清楚的志向和目標；志願如果可以加入細節會更好。同學們後來都很認真地寫下志願、分組討論，有人說：「我要當一個有同理心，可以幫助病患的護理師。因為我是前線的護理人員，希望可以比醫師更早發現病人的問題。」有人說：「我希望將來錢夠用，可以養家活口，有能力時還可以幫助別人。」

每個人的志願或有不同，但對於剛進入大學就有機會思考「大學生活怎麼過」的年輕人，希望他們可以在大學殿堂裏比別人更積極學習，至少知道，要補眠也不是在課堂上。

啄木鳥老師

將別人的「休息時間」，變成自己的「學習時間」；管理時間，就是管理人生。

被情緒綁架

情緒化的她主動爭取當幹部，
我挑明說：「承擔幹部是要來解決問題，不是製造問題的。」

彩虹來面試，說要當出國團的幹部，我覺得有點不可置信。「你不怕嗎？」我這樣問，是因為她上次出國時很情緒化，沿途都在被我訓話。

她搖搖頭說：「不怕。」

我笑著跟她說：「但是，我怕。我怕你又會鬧脾氣。如果是幹部，那是絕對不允許的。幹部要幫老師解決問題，不可以是問題的源頭。」

「老師，不會了啦！我改很多了。」她承諾兼小小抗議。

彩虹是一個很有才華的學生，能歌善舞。一群學生一起跳原住民舞蹈，任誰都會說，彩虹跳得最好，也最有「原味」。

只可惜她的脾氣就像天氣般難以預測，時而晴朗，時而暴雨，教人難以應付。原本跟她很親密的同學，也因受不了她的小姐脾氣，盡量遠離她，免得吵架弄得大家都不愉快。

在團隊裏，彩虹只能跟一個人緣不錯的男生講話和打鬧。問題是，只要對方跟其他人講話，她又會垮著張臉，然後一言不發，讓其他團員都覺得莫名其妙。

這狀況一而再、再而三發生，我在旅途中找她談了幾次話。「你知道自己的情緒，影響了我們團隊的和諧嗎？你知道你很難伺候嗎？告訴我，為什麼？有誰得罪你嗎？」

她聳聳肩，說不知道該如何控制自己的脾氣。

我邊跟她說邊比畫：「你知道你每次興奮的時候，就是這樣 high（高度興奮）；只要你一不高興，情緒就很 low（低落）。在一高一低之間，你很辛苦，別人也很辛苦。因為別人不知道你什麼時候會高興，什麼時候不高興。」她點點頭，但當下又陷入情緒低落的狀態，也就是不愛講話、很難溝通。

「你應該試著讓自己的情緒不要這麼容易波動。開心的時候，適可而止，以平常心對待；遇到不如意的事，也告訴自己會過去的，以平靜心面對。」這話好像有說，也好像沒說，因為她再犯的頻率不低；但是，後來我只要看她一眼，就算是正在大聲笑，她也會稍微收斂；如果是臉黑黑的，也會警覺要調整態度。

她說：「這次我不想再錯過機會，因為透過團體磨合，我終於了解自己的長處和短處。坦白說，剛出國那段時間，可說是我最辛苦的階段，我不知道怎樣跟大家相處，所以幾乎特立獨行。」

改變的關鍵，就是在國外聽見我說：「不用管她，反正她就是這樣。」彩虹坦言：「當下我的腦子一瞬間當機，發現自己給別人的感覺原來是這個樣子。」

這麼久之前的一句話，她竟然記得一清二楚，我也試著回想，當時是在怎樣的情境中說那句話？沒錯的話，應該是大家在車站準備搭車，她卻處在莫名的興奮狀態，無視團隊趕車的壓力，被我喝了一下；她隨即像轉臺一樣，馬上轉成另一個負能量頻道，整張臉垮了，腳步也變得沈重。

同學怕她趕不上，幾番催她快點，她卻好像沒有聽到，用自憐自憫的腳步，落在團隊一大段距離之後。當時我看同學愈是替她緊張，她愈是沈溺在自我情緒中，於是要大家「不要理會她」——當她聽到這句話，腦子瞬間「當機」，從此下定決心要改變自己；這果然印證了「不用管她才是真管她」，也才真的管得動她！

電腦「當機」後，「重新開機」是必然，有時當機嚴重還得重置。人腦也一樣，有些人在比較激烈的衝擊過後，才能得到深刻的反思、啟動自我修正，成長也是必然的。

就這樣，彩虹跟著團隊完成了一趟她覺得辛苦、別人也有很多感受的行程。回來後她很誠懇地分享：「我常因為不合群，錯失了很多自我成長的機會。一開始我不以為意，總覺得錯過這一次還有下一次，不會放太多心思在團體活動上。這趟出國改變了我很多，尤其是從原本不怎麼喜歡團體活動，變成一個可以融入團體的人。」

其實，彩虹的情緒化不只影響人際關係，也影響她的舞臺表演。以往每次問她，為什麼表演時沒有表情，甚至沒有開口唱歌，讓預錄的歌聲在戲裏變得很奇怪？她都說，要適應舞臺加上緊張，所以沒有辦法把角色演好；有時候又說是感冒了，無法全心演出，也無法集中精神投入自己的角色……在我看來，癥結還是情緒困擾多過心理緊張。

「你高興時狂笑，難過、生氣時總是擺張臭臉。你是一個表情很豐富的人，要說演戲對你來說很難，我無法接受。你的問題在於，你還沒有跟團隊產生『一體感』——同伴上臺演戲時，你沒有跟著投入情感；輪到你該唱歌時，你連聲音也不出。你又被情緒綁架了，太不應該、也太對不起團隊了。」我還是直指問題核心，點破她的情緒障礙問題。

到行程後半段，剩下不到三場戲時，彩虹終於意識到、也願意修正自己。「幸虧老師及時發現問題，提醒我該如何調適自己。俗話說：『三人行，必有我師焉。』從別人身上，我看到自己的不足，很高興可以跟這麼棒的團體出國增長見聞，改變自己，我受益良多。」

除了看到自己的問題，她也發現，團隊裏除了自己還有別人，「一個團體最缺少的不是領導或是執行者，而是能夠互補的成員。而團體的成就，也是由大家一點一滴拼湊起來的。」這次她主動承擔幹部，就是希望能繼續接受團體的磨練。

考量她肯自我揭露，也誠懇地面對自我習氣，又看到她自我要求改變的殷切和可造之處，再加上她的才華，我接納了她繼續在團隊裏擔任幹部，但也沒有忘記這孩子給過我們團隊的壓力。我與她約法三章：一、不可以高興怎樣就怎樣；二、不可以情緒化；三、連大聲笑、得意忘形都不可以。

她很肯定地說，一定可以做得到。果然彩虹成功勝任幹部，過程中自己收穫最多：剛開始，她得先學會笑，接著還要控制自己不亂發脾氣，最後，終於贏得學弟、學妹的肯定，她自己高興，旁人也替她開心。

作為老師，看她耐得住磨練確實不簡單。彩虹的成長印證了靜思語：「信心、毅力、勇氣三者具備，則天下沒有做不成的事。」

啄木鳥老師

開心時適可而止，以平常心對待；不如意時告訴自己「會過去的」，以平靜心面對。

以「聰明」算計

她想了解自己除了「聰明」，還有其他優點嗎？

我提醒她，優點能否發揮，端看是否用聰明「做該做的事」。

集訓時間到了，我特地留意她是否會出現。

她果然來了，但是完全是團體中的異類。第一堂課，我要求分組活動，她自成一組。我叫她出來，她不肯，後來請同事安排她來見我，免得她的情緒在團隊中蔓延。

「我要跟你說，就是到今天，你也可以隨時退出團隊的，不要太勉強！」我再一次請她認真思考，到底要不要跟大家一起出門？

「但是，退團我不要付費！」

原來，她一心記掛的是，取消機票的衍生費用她必須負責。以她的聰明算計，還是去「比較划算」。但她整個人的情緒都不對，無法融入團隊，讓她進退維谷。

我也沒有為了省麻煩而打算將就讓步，只冷冷地跟她說：「你還是想好，退團還是要付費！不然就好好地跟大家一起集訓，高高興興地出門。否則，像你現在這個樣子，別說一個多月難熬，就是現在這樣過一天，我看著也很難過。」

集訓時，她忽而有情緒，忽而很高興。我注意到她很熱愛表演，只要是跟表演有關的課程都很投入，其他活動則興趣缺缺。最後，她還是在不太甘願的情況下完成了培訓，跟著團隊出門了。

第一站，就有人跟我報告說她哭了。我視為正常，沒有刻意找她，卻無意間在樓梯口碰到。我問她：「怎麼了？為什麼哭？」

「沒事！」

「有事！」

「沒事！」

「你不說是什麼事，等下就不給你上臺。」我就知道她喜歡舞臺。

「我想家！」知道她的任性，只要她給個理由，我就接受。

「你把心門打開來，跟著大家一起高高興興表演，你會發現很好玩的。行程結束後，暑假還有整個月可以回家。」我帶著理解的心情，稍加安慰後就讓她離開。

來到第二站，考量學生沿途辛勞，我特地安排一趟出海看風景行程。她本來排在第一艘船，登船時卻不高興地站著一動也不動。我叫她，她卻自顧生氣地往前走，連看我一眼都不看，這次換我不給她走了。

「現在不上來，等下晚上不用上臺！」聽我這樣說，她才緩步從岸邊走上碼頭來。我問她：「什麼事？」她的回答又是「沒事」。

每一次的對話就在這「沒事」、「有事」中開始，我告訴她：「你的臉說你有事，別說沒事！」

「我跟這團，太委屈了！」她一古腦兒地發洩，哭著抱怨她最委屈。

「你委屈，別人也委屈啊！」她的淚水一點都沒有打動我，我提高聲量，「不高興的話，你就在這裏等我們。」

在我的教育觀念裏，不守紀律是沒有特權的，我是鐵了心要她面對自己行為的後果。因此直白地告訴她：「現在再給你一次機會，要嘛，跟著我的船，不然就是在這碼頭等大家回來。」

她終於上船了，幾個大人七嘴八舌地安慰她，叫她穿救生衣，她都不為所動。我心想，也只有我有辦法。我開口叫她「穿上！」她果然就穿了。看她既然姿態放軟，我理當給她個好臉色，於是轉換情緒跟她說話：「你看海上風景這麼美，你這樣的情緒很煞風景。笑一下啦！老師幫你拍一張照片！」

她遲疑了一陣子，才配合地移動身子到船頭，看我拿起相機，她不由自主比了個勝利的手勢，但因為情緒還沒有平復，拍出來的照片變得很好笑。後來她自己也說，那張照片的臉「很臭」。

其實，隨行的懿德媽媽也都注意到這孩子的個性，大家你一句、我一句地鼓勵她，一個多小時的航程，總算讓她的情緒稍有舒緩。

接下來的行程，她大多獨來獨往，一有空就是看手機。還好她熱愛舞臺，隨著幾場兒童劇演出成功、觀眾熱情回響，她的笑容變多了，也能主動找人聊天。

有一天，在機場等待前往下一個目的地，她問我：「老師，你發現我有很多缺點，難道你就沒看到我的優點？」

「你的優點就是聰明。」

「聰明哪裏是優點？」她抗議，「很多人都說我聰明，我都不喜歡。」

「聰明就是有學習力。許多事只要你肯學，都做得很好。像跳舞，你一開始肢體僵硬，跟你說明之後，慢慢地就跳得更好了。」

「除了聰明，難道我就沒有其他優點嗎？」

「聰明就是很大的優點，能不能發揮其他優點，就要看你要不要用你的聰明做該做的事。」

這時她露出一個尷尬的微笑，承認自己的自我，「我要做，是可以的。但很多時候，我都不想做。」

「是啊！正是這樣的自我，限縮了你所有的潛能。你要善用聰明，把更多的優點誘發出來。」我從來都不喜歡給孩子錯誤的讚美，怕的是給他們錯誤的自我認知。她對我給予的評論雖不甚滿意，但覺得還可以接受。

她喜歡聽我分析人事物，所以行程中我們就多了不少的對話。有一天，她忍不住再問：「老師，你為什麼喜歡說我聰明？」

「你就是聰明啊！我不能說你不聰明吧？但我也說，看到你改變啊！」孩子還是在意老師對她的評價，在她有進步的時候，給她具體方向，也是改變她的方法。

沿途，大家的確發現她改變了，這「質變」的過程有很多元素，除了同學的包容、懿德媽媽觀念的疏導，更大的原因當然是她發現自己只要稍微調整行為，就可以跟別人一起同樂。

她開始主動幫助同學化妝、跟大家一起演戲外戲，讓同學覺得她很好玩。回國後，想不到這個還沒出門就想退團的孩子，竟然報名要當幹部。

她自己也笑說，這是「打死我也不肯相信的」。其實，不要說她自己不肯相信，團員裏沒有人會相信她還要繼續留在團隊裏接受磨練，只有我並不感覺奇怪。因為這孩子回來之後，勇敢地跟同學分享她的成長歷程，包括不怎麼想上船的那段。

「到了船上，他們都穿救生衣，主任看我不穿就一直叫我穿，我只好也穿上。當時我在想，『不要煩我啦！就算跌進海裏也沒什麼，反正我又不是不會游泳，這點小事比不上跟那些同學相處的委屈。』然後主任又叫我看那些老鷹，還叫我拍照，又過來和我拍一張合照，結果宛真姊就拍了幾張我擺臭臉的照片……」就是像這樣有畫面的反省，對我來說，才是最能改變自己的。

這孩子每一次跟我對話，都是以真性情示人，我知道她並不複雜，所以跟她說話也都直來直往，切中要害，她反而受教。

證嚴法師說：「沒有教不好的孩子，只有還找不到方法的父母、師長。」我不得不說，這是真的。

啄木鳥老師

過度自我會限縮潛能，善用聰明才能誘發優點。

不是「自信」是「隨性」

聽到老師對他的分析，同學好奇問：「缺什麼？」

「缺內涵！」我進一步解釋……

有一個男生，平常想說什麼就說什麼，但總是喜歡私底下小小聲說，旁邊的朋友聽了哄堂大笑，他就高興。

有一天，又是同樣情形。上課時我在臺上問問題，他又小小聲說話，像要回答問題又不像，但那聲量明顯就不是要說給老師聽的，旁邊的人聽了又大笑。

我問他說了什麼，他回答沒有，但看得出他很得意。我於是問他：「你覺得自己有自信嗎？」他回答：「還可以。」

「那你覺得，自己有沒有經常亂講話？」面對我直白的提問，他反問：

「有嗎？」

「你每次亂講話時都是小小聲地說，大家笑了，你就得意了。但你問自己，所說的是不是都是沒有營養的話？」他這時才沒有再頂嘴。

他的室友在一旁猛點頭，對於我的觀察再肯定不過。「老師，你實在把他看得太透了，你看他還有救嗎？」

「這還得他自己願不願意改才行啊！」我轉頭問他：「你願意改嗎？」他不置可否。

「你反應快、腦袋裏有東西；奇怪的是，你常讓話先溜出嘴巴來，給人的感覺就是講話不經大腦。」我進一步幫他分析，「你這不是自信，是隨性。」他這才安靜下來，慢慢聽我說。

「你只能在小眾中譁眾取寵，卻難登大雅之堂。這不是能力問題，是態度問題。你有足夠的機智可以訓練自信，但你那隨便的態度，心掉舉了，變成自負，只會障礙你培養自信。」室友在一旁聽老師分析自己的同學，聽得津津有味。

「他缺一點，就有自信了。」我說。

「缺什麼？」室友問，看來他比當事人更有興趣培養自信。

「缺內涵！」我進一步解釋，「你反應快，學習力應該不差，但是心靜不下來，說話輕飄飄，不穩重、很空洞。」室友在旁邊聽了，點頭如搗蒜。

我鼓勵兩位同學多閱讀，而且要做深度閱讀，不是瀏覽手機的淺閱讀。「手機資訊很多，但瀏覽手機，心不容易定下來，何況一個訊息進來，都會打斷你的閱讀。唯有深度閱讀才有助思考，也唯有靜心思考，說出來的話才會有內容，不會像現在這樣舌燦蓮花。」

經我這麼一說，之後他再也不曾在我的課堂上打斷教學了。他後來還跟室友來我的辦公室當志工，幫忙打掃。

有一次我好奇地問他：「你媽媽是老師，是不是以前管你太多，你很壓抑；現在沒人管了，你就活得隨性？」他笑而不語。

後來，他不再給我添麻煩，我也沒有刻意跟他互動，只是暗地裏觀察他。我發現他安靜了些，小動作少了些，雖還沒看到什麼內涵增長，但少了輕浮和隨性，比較像大學生了。

啄木鳥老師

多閱讀，而且要做深度閱讀，不是瀏覽手機的淺閱讀。唯有深度閱讀才有助思考，也唯有靜心思考，說出來的話才會有內涵。

先「聽」先「做」，再「說」

她只在意誰說了她？說了什麼？卻不思改過。
我直接訓她：「你的問題就是從來不知道自己有問題……」

我把馨兒叫來辦公室，準備取消她暑假跟我一起出國的計畫。

「老師，你找我什麼事？」

「我要幫你取消機票。相關費用也會從你預先繳交的費用中扣除。」我面無表情地告訴她。

「為什麼？」她皺著眉頭，充滿防備。

「因為你沒有辦法遵守團隊的規矩，我怕你出門不快樂，團隊也會很有問題。」

「老師，我到底有什麼問題？」

「你的問題就是沒有辦法照著團隊的規定行事。你常遲到，學長、學姊指導你，你都有意見；昨天舞蹈老師來，你也不聽人家的教導。我本來還怕自己對你有偏見，但是這麼多人都這樣講，你應該要清楚自己的問題在哪裏了。」我一口氣把這些日子以來，她讓人頭痛的事一一說了。

但她就是不承認自己有問題，「是誰說我遲到的？」「舞蹈老師昨天跟我說要轉左，我最後也照她說的做了啊！她是怎麼說我的？」這孩子「實事求是」的精神常常用錯地方，只在意誰說了她？說了什麼？卻不思改過。

於是，我一一說給她聽，接著反問她，「你知道自己最大的問題是什麼嗎？」

「我有問題嗎？」聽到她的回應，我不自覺地提高聲量：「你的問題就是從來不知道自己有問題。甚至你還覺得你的問題都是別人害的，或是別人對你不好。遲到就是遲到，跟誰說的有什麼關係？你沒有自我反省。」

跟她對話，要忍住氣很不容易。我乾脆把內心的一股氣化為一古腦兒的訓話，「還有，每次人家說你，你都用盡所有的剛強來捍衛你的脆弱。」

「我沒有脆弱！」

「你脆弱！而且很脆弱！」

「我不覺得自己脆弱，為什麼你會覺得我很脆弱呢？」這就是她不服輸的個性。

「我從你顫抖的嘴唇發現你的脆弱；還有，從你一直頂嘴發現你的剛強。你因為剛強，所以不柔軟；也因為脆弱，所以不堅強。你真需要的是柔軟和堅強，不是剛強又脆弱。這是老師這幾個月來對你的觀察。」看她臉色大變，我將聲色轉為柔和，「可以告訴老師，你到底在中學或者小學時，發生過什麼事嗎？」

她靜默不語，嘴唇抖動得更加厲害。我直視她，「老師試過幫助你、糾正你，但是無效，防備心讓你無法聽進去所有人講的話。你在接受別人的教導時，充滿抗拒。」

「或許，你可以跟我說，過去在中學時，你的老師怎樣看你？這樣我才可以幫助你釐清這中間發生什麼事。」我再耐著性子問她，而她則忍了忍快要掉下來的眼淚，這很符合她剛強的個性。

她不想示弱，但嘴唇還是不受控制地顫抖，「國一時，老師說我有問題。那時候，我很討厭這個老師。國二時，也有老師這樣說我，我心想，可能我真的有問題；我嘗試改過，我以為我改很多了……」

為了幫她更認識自己，我引導她思考：「那麼，中學同學跟你的互動又如何？」話題打開後，她的表達較為流暢，「大家的關係就是普普通通，我也沒有特別的朋友。」

「好，就你說的點點滴滴，老師跟你說，你行為的最大問題，來自你的『認知』和『自我概念』。」

馨兒是家裏的獨生女，個性驕縱。有一次，她來跟我請假要到臺北玩。我說，「從星期五開始有三天連假，夠你玩遍臺北了，為什麼還需要多請一天假不去上課呢？你父母同意嗎？」

當時她說母親同意了，我心裏就有了個底。於是我舊事重提，「在家裏，媽媽氣焰和氣勢都輸給你，對吧？」她聽了心虛地說：「嗯，只有在我們吵架的時候而已……」

「在家裏，只要家人不順你意，你就大小聲，是嗎？」她也默認。我接著說：「可是出來社會，沒有人需要聽你的；相反地，許多事情是你要聽人家的。你太習慣『自以為是』，以為自己總是對的，別人都是在找你麻煩，這就是錯誤的自我認知。到最後，你會變成是非好壞不會分別，不知道誰對你好、什麼對你自己是好的。」

她慢慢放鬆後，跟我說，「老師，我要跟你坦白一件事。那天臺北回來，你問我好玩嗎？其實跟你說好玩是騙你的；出去太多天，沿途我一直跟小品吵架。」

「是啊！你還跟我說，曠課也不後悔。那麼你可以告訴我，媽媽真的同意讓你去嗎？」對於我的疑問，她聳聳肩說：「我媽說，隨便我。」

「看來，你媽還真開明。只是我覺得你應該多一些判斷力。」我跟她分享，以前想跟朋友去海邊，我爸只是多問一句：「海邊那麼好玩嗎？」我知道他擔心，也就不去了。

我們的對話變得輕鬆，她直言不諱地坦露內心想法，「老師，說實在的，你叫同學找我來時，我是準備好要跟你大聲講話的。」

「你不知道我找你做什麼，為什麼要對我大聲？你好笑！」她聽了我的話，偷偷笑了，「沒想到你並沒有跟我大聲，所以我也沒有跟你大聲。」

「可是，你很有防備心！」話匣子打開後，我們暢所欲言，「其實就算是人家說你有錯，也不是說你不好。就如舞蹈老師點出你轉錯方向了，你跟著轉就好了，為什麼要讓人費一番口舌告訴你問題所在？你到底在防備些什麼？」

「不是啊！我明明轉左，但是她說我轉錯。」她急切地辯解著。我忍不住提醒她：「你看，又來了！轉左轉右，你當事人轉得暈頭轉向的，人家旁觀者清，跟你說錯了，你就聽嘛！」

「老師，改變是很困難的。」她自知理虧。我笑她：「你這就叫作『習氣』，人家說積習難改，就是這個意思。但若是肯改，只要一念間，就能改變過來。」

看她態度放軟，我心想，還是給這孩子一次機會，希望她透過團隊磨練有所進步。「那，我們說定，接下來的集訓，我不想再看到你重複這樣的習氣；不管是指導老師還是同學跟你說什麼，你都要先聽、先做，再說。」

或許馨兒過去沒有碰過對她極為嚴厲、又能完全接受她的老師，她變得喜歡來找我問東問西，尤其是遇到人際困擾時；只要我有空，也會一次又一次地分析事理給她聽，但有時候也會直接跟她說，「開導你很耗時，老師現在正忙，我們出國時沿途再聊，條件就是你不能再給團隊帶來困擾！

不准遲到！」

暑假她跟著團隊出國，過程中有不少曲折都源於她的個性，但馨兒在旅途中努力修正自己，也成長不少——多了柔軟，剛強不再剛強，只是脆弱還是脆弱——在那一段奇妙旅途中，她，哭了好幾次。

啄木鳥老師

以為自己總是對的，別人都是在找麻煩，這種「自以為是」的錯誤認知，到最後會變成是非好壞不分。

不肯脫下戲服的皇后

謊言還是真相，地獄還是天堂，枷鎖還是自由，一切取決自己。
我告訴她，不必從他人的角度看自己。

有一年，我帶兒童劇團的學生演一齣戲，劇中的國王和皇后都是中國古裝裝扮，國王的頭飾前有簾子，皇后的頭飾也一樣珠光寶氣。戲裏角色很多，人人下臺後都急著脫下戲服、換個清爽，只有這對國王和皇后好像沒有意識到戲演完了、該卸妝了。

有一次，看到他們穿著戲服吃午餐，讓我很納悶，忍不住問：「你們不覺得很熱？很累嗎？」兩人竟異口同聲說：「還好。」

還有一次團隊準備往下一站去，他們兩個都還沒有換好服裝，為了催促他們趕快行動，以免誤了大隊行程，我忍不住脫口跟皇后說：「你為什麼那麼自戀？穿上了戲服就不肯脫下來？」

到了下一站，皇后又是很快地穿好戲服，讓化妝師幫她化妝。我覺得很奇怪，問她為什麼會有穿著古裝而不覺得沈重的能耐？「難道你真的這麼喜歡這角色？到時候你會不會無法從這角色中走出來啊？」

這女孩講話嬌滴滴的，給人感覺很害羞，我實在想不通，為何她總是不願意脫掉這身醒目的戲服？「老師知道戲服很美，但是你沒有穿它也很美呀！老師想知道你心裏在想什麼？」

聽到我這麼說，女孩流淚了，黑色眼線經她一哭，在臉上形成兩行黑線。化妝師見她眼淚止不住，只好暫停化妝，先為其他同學服務，卻也忍不住抱怨：「老師，你看你讓她的妝都哭花了。」

看她哭得厲害，不知道的人還以為我訓斥她，但我只是覺察到這孩子的內心有什麼事，今天逮到機會想要跟她聊聊而已。

這孩子功課好，對人又熱情，照一般人看法是一個難得的好孩子，只是我老覺得那甜甜的聲音裏總是少了什麼。她經常甜甜地喊我「老師」，卻沒讓我感覺親近，當天我嘗試跟她溝通，她卻哭到止不住淚水，只好期待她平復情緒後，能主動跟我說說她的故事。

女孩說，自己從小就沒有媽媽，妹妹幼時也因意外往生，「因此家人總是將我捧在手心疼愛，長大後理所當然養成嬌縱又自以為是的大小姐脾氣，讓很多人討厭我。我總是假裝不在意，用假笑來隱藏自己真正的情緒，直到老師點醒了我。」

經她這麼一說，就能輕易將她的心理跟外顯行為作連結了。她的內心因為成長環境而充滿矛盾衝突，一方面享受著家人的寵愛，一方面又感覺得不到同儕的愛。

隨著她慢慢長大，種種「教化」讓她學習外界的規則、他人的標準，所以也僅能以偽裝自己取代原有的本能，這就是她為什麼講話嬌滴滴的原因——別人的眼光成了她測度自己的新尺規，卻逐漸遠離了真正的自己。

即便她努力讓人不討厭自己，講話聲調聽起來溫柔，但就是沒感情，也沒有因此變得更有人緣。隨著時間拉長，後來的她勢必心愈來愈累——為外界的條條框框所累，為他人的言行舉止所累，為大腦與內心的衝突所累……

我跟她說：「這是你的人生，不是別人的，你不必討好誰。當你對自己友善時，就沒人能傷害得了你；當你對自己認同時，就沒人能否定你；當你對自己誠實時，就沒人能騙得了你。你不是穿上皇后的衣服時才是皇后，你可以是自己的皇后，請追隨內心的聲音，不要欺騙自己。」

謊言還是真相，地獄還是天堂，枷鎖還是自由，一切取決自己。我告訴她，不必從他人的角度看自己，「別人怎麼說，那是他的事，你要掌握詮釋自己人生的主動權，別怕成為你自己！要從別人的木偶變成自己的導演，回歸真我，你就是生命的最好呈現！」

從神經心理學的觀點來說，許多人為了發展安全依附，會努力建立一個和諧、協調、回應性的同頻關係；若沒得到健康的人際發展，則有可能變成人格疾患的根源。我常聽慈濟志工分享心得時，提到他們如何透過幫助別人，獲得認同，慢慢找回快樂的自己；他們透過付出，在團體裏找到歸屬感，找到了安全依附，許多人都有相同的經驗。

透過付出，人們可以找到真實的自己，因此我鼓勵這位女學生，嘗試把視線拉回來看自己，去作一個幫助他人的人，不要再往外探看別人怎麼看自己。

後來在行程結束時，她提到那一場沒來由、無法停止的哭泣：「感恩老師讓我釋放累積很久的眼淚，讓我有一種重生的感覺，也讓我找回那個最真實的自己。我徹底明白，最美麗的微笑在付出的手心裏，而不是到處討愛來滿足自己的內心。」

我笑她說，果真有第一名的水準，多成熟的表達啊！其實，「最美麗的微笑在付出的手心」這句話，來自她們沿途都在唱的歌曲〈手心外的天空〉，此時此刻，她運用得非常恰當：

不管什麼樣的掌紋
都能夠握住需要你的手
不管面對多少挫折
都能在逆境中找到出口
張開雙手 別再緊握拳頭
生命的線條 掌握在自己手中

手心之外 有著無限寬廣的天空
手心之內 有道不被看見的彩虹
手心之外 有著陽光燦爛的笑容
手心之內 一樣有溫暖的夢

終於看見不同 的自己
最美麗的微笑 在手心

啄木鳥老師

對自己友善，就沒人能傷害你；對自己認同，就沒人能否定你；對自己誠實，就沒人能騙得了你。

課堂危機與轉機

「錄影沒關係，但是上傳網路，記得要是完整版的。」
她沒料到老師竟這樣「開明」……

有一次跟學生溝通差點起了衝突，當時有一位女同學就坐在後方錄影。我當然有看到她，但是我只能全神貫注地跟那位情緒不好的同學打交道，深怕一個分神，自己情緒沒有掌握好，就會變成「三敗俱傷」。

等我結束跟那位同學的對話時，剛好鐘聲也響了，課間休息十分鐘後回到班上，我才問那位女同學：「你剛才錄影？」

「老師，我的手機有點問題。」她回答得有一點閃躲。我跟她說：「錄影沒關係，但是要將影片上傳網路的話，記得要是完整版的。」

她沒料到老師這樣「開明」，顯得很不好意思：「老師，剛才我沒有錄好。」

說實在，我壓根兒沒在擔心她會怎樣處理那段影片，整個過程班上同學全程目睹，就是一個情緒不好的學生在挑戰老師；如果當時我跟她說，「你不要拍，這是我的肖像權。」學生還以為我理虧了，整個情勢更難控制。

我「理直氣和」，迎接學生的挑戰，藉著錄影事件，還教導他們做負責任的影像處理，不要斷章取義。接著課堂教學剛好進入「領導人的自我認知」：領導人對自己的洞察和理解，包括自我觀察和自我評價。

「自我觀察，是指對自己的感知、思維和意向等方面的覺察；自我評價，是指對自己的想法。」我吩咐學生先從自我認知開始練習，「今天的作業，要你們畫出對自己的想法和看法。」

見學生一臉茫然，我突然靈機一動，把剛才學生近距離對我錄影，跟領導的「觀察」連在一起。「今天你們也做了一場課堂觀察，不是嗎？請以對照方式畫出你們認知中——我，這個老師。」

畫老師顯然比畫自己容易多了，同學用五分鐘就把老師給畫出來了。我跟同學開玩笑：「人，最難看到的就是自己。」

那位錄影的女同學最先被請出來在黑板上畫畫，她畫了一個沒有表情的自己，旁邊則是戴著皇冠的老師，她解釋：「老師像女皇！」

有同學畫老師拿著尚方寶劍，斬妖除魔；有的則畫老師喝了保利達蠻牛飲料，「充滿爆發能量」；也有人畫老師有很多愛心，我問他：「你確定你看得懂我？」他點頭稱是。

對我來說，教室裏的每一分鐘、每一時刻，每一位學生的語默動靜，無不都是教材、教案，多用一點心，學生看在眼裏，也感受在心裏。只要教育工作者沒有忘記自己的本分，跟學生一來一往之間傳達教育之愛，學生絕對可以體會的，老師應該要有這樣的信心；只要老師多花點心思，以理論基礎協助學生釐清互動的細節，這就是最好的「溝通和領導」課了。

後來，我和同學把近幾週來跟班上同學互動的畫面，作了有關「領導」

的結論，說明領導不僅有「權力」和「權威」，還有一個很重要的因素叫作「影響力」。影響力不需要頭銜，也沒有位置高低問題，只要找出對方可以接受的方法，就能產生有效的溝通，這就是影響力。

我認為，領導力的核心是影響力，是一個人改變和影響他人心理和行為的能力。領導者要有心去感染人、激勵人、服務他人，為他人增加價值，這才是領導力的體現。

老師，都應該是學生的領導者，影響他們的心理和行為，感染、激勵也服務他們。面對學生的挑戰，老師只要冷靜「應戰」，最後學生必也會為你按讚的。

就像期末時，有同學回饋說：「在這堂課中，老師教會我很多，而我印象最深刻的就是看老師如何領導我們這一班。我們班上有許多愛玩鬧的同學，老師卻可以把領導與溝通融入課堂情境，讓我看著班上一個個愛玩鬧的同學都願意好好聽講，這就是最成功的領導與溝通。」

啄木鳥老師

「領導力」的核心是「影響力」，是改變和影響他人心理和行為的能力。感染人、激勵人、服務他人，為他人增加價值，這才是領導力的體現。

遊戲規則誰訂

任由我好說歹說，她們還是不為所動。我告訴她們：

「如果連簡單的指令都不接受，還想跟我學什麼？」

「同學，請問你叫什麼名字？」

「我不要告訴你！」

這是我第一次在大學校園裏遇到女學生如此直接，又如此讓人不明白。

我低聲下氣地跟她說：「同學，我是真的要知道你叫什麼名字的。」

「你自己不會去查啊？學號xxxxxxxxx。」

「好！我去查。」

第一次跟這女生交手，她坐在教室後排角落，一副課堂的旁觀者。坐在她旁邊的另一個女生跟她個性相近，上課時，兩人無視老師的存在，一直唧唧呱呱。

隔週上課，我把她的名字念出來時，只見她睜大了眼。「我都說了，我想要認識你。你告訴我學號，我就去查了！」那天她學號念得很快，我只管聽最後的兩個號碼，就完成了查學號動作，也把她的名字叫出來了。她給我異常的反應，我也給她出乎意料的回應。

這樣跟她打了個交道，我跟她之間是不是從此就過著「幸福快樂的日子」呢？當然沒有。那是童話故事才有的情節，我們之後還有多次的交手經驗。

有一堂課，我要求學生四人一組討論功課，課堂中發表。她跟鄰座的女生堅持兩人一組，我客氣地要求：「四人才可以有更好的討論。」但任由我好說歹說，她們就是拒絕移動位子，後來我也生氣了，請她們退選我的課，「如果連這樣簡單的指令都不能接受，你以為還可以跟我學什麼？」我很認真地要求，她們也嚇到了。

作老師的如果連這樣一點自信都沒有，以後可是很難教書的。我繼續跟她們說，「未來除了創業，社會的遊戲規則是老闆說了算，不是你說了算。早點覺悟，早點準備，就是要從大學開始，先學會接受簡單的指令，不然出去社會一定會適應不良。」

「大學的自由，指的應該是學習範圍的廣闊；學海浩瀚，可以自由擷取你需要的知識，不是你高興怎樣就怎樣。」所謂幫助學生「社會化」，我認為，「不是教你變成世俗的人，而是讓你對於社會的運作有概念，早日知道你是誰，更要知道別人是誰。」

現在的教育環境固然充滿挑戰，學生自我意識高漲，加上一些似是而非的「尊重」理論，學生目無尊長，不知尊重別人，如果師長還一味地順著他們，以為這就是「尊重」的示範，顯然沒有理解尊重的內涵；沒有對學生提供適當的教育，便可說是違反教育的——這時候不能不說，「教不嚴，師之惰」；老師可以觀機逗教，但絕不是處處討好。

經過我那樣嚴厲要求後，兩人並沒有退選我的課，接下來的幾堂課也就乖乖就範了。後來的課程，我偶爾點名她們回答問題，個性特別的兩人，答案常常出乎人們意料以外，有時還蠻有趣的。

譬如我要求學生分別扮演老闆跟員工角色，員工提出加薪、不加班等需求，老闆要有所回應。許多同學的對答都一般，只有這兩位學生，想出來的理由完全跳脫刻板印象，讓大家笑開了，我也真心稱讚她們兩人。

後來到了學期末，其中一人分享：「剛開始很排斥這堂課，但時間久了，發現老師沒有想像中的無趣；相反地，課程內容還很有意義，我也學會怎樣去跟別人溝通、學會領導一個組織。真的很棒！」

她的回饋讓我看到教育軟實力，不是軟弱無力，有時候甚至是強硬和堅定的。那一次如果我選擇在她們不講理時退讓，不見得會讓她們服氣和尊敬。教育軟實力對我來說，也是真誠的「暖實力」，十八、九歲的孩子不會不知道你對他玩真的、玩假的。

人們說「心誠則靈」，證嚴法師對老師說：「老師真誠而懇切的用心，這分至誠會發生感應——你跟學生間的感應；所以，學生會歡喜接受你們的指導。」法師說，感應不只是求佛、求菩薩，「真正的感應是人與人之間的心靈互應，你呼他應，你教他受。」

學生對課程的回饋，也教導老師放下成見，才能繼續樂在教育和教化工作。現在我們在校園裏碰到面，雖然她們不再上我的課，卻還會跟我打招呼，這與初見面時，她們所表現的高傲態度相差很多。

啄木鳥老師

老師觀機逗教，但絕不是處處討好；教育「軟實力」不是軟弱無力，有時甚至是強硬和堅定的。

沒有誰重要到不能被取代

「臨時換將，行嗎？」

儘管大家心裏充滿疑問，但我已經鐵了心。

好幾年前，我們演一齣戲，劇情是一群螞蟻要上須彌山採草藥救媽媽，歷經困難艱苦，後來得到仙女的幫助才完成任務。

整齣戲就只有一位仙女，角色很重要。行程展開後，學生愈演愈好，但是隨著他們的情緒愈來愈放鬆後，態度也愈來愈鬆懈；只要沒有戲的時候，大夥兒就高談闊論，很晚都不睡覺，隔天起來當然精神不濟。

我召集了所有人精神喊話一番：「同學們，戲可以愈演愈好，真是很棒的事，老師為你們高興。但是，老師發現你們有『掉舉』的現象，就是你們失去了之前戒慎虔誠的態度，心都跑掉了，無法靜下來，只有鬆懈和散漫。如果沒有改善，我可以預見你們接下來的戲一定會有問題。」

「人家常說要贏在起跑點上，我說『錯了！』沒有跑到終點站，誰能夠贏？所以記住：『贏在終點才叫贏家』。你們就好像參加一場馬拉松，這麼長的旅程要維持好體力，才能將每一場戲演好，才對得起每一個觀眾，也才能讓自己沒有遺憾。」

講完了我的觀察和感受，我跟同學制訂新規則：「今晚開始，晚上十一點之前，每個人都要熄燈、躺平。」那一晚的講話，我既嚴肅又平和，我想應該可以收到制伏效果。孰知隔天早上就有人向我反應，他凌晨兩點上廁所時，看到還有兩位同學在樓梯口聊天。

大家集合用早餐時，我發布訊息：「早餐後集合。」這一餐得先讓大家吃飽，不然就算我再有理由生氣，道理上還是顯得弱了。我不希望讓他們以為我只為了發脾氣。

大家集合完畢，我就宣布：「今天的兩場戲，仙女不上場。我就是改劇本，也不會讓你上場。」知道原因的只有默默低頭的分，其他人看著仙女，開始竊竊私語，期待她能多少透露個訊息。

「昨晚我是不是說過，要在十一點之前就寢？但是凌晨兩點，小仙女還在跟人聊天。」這「人」，是一個當地人，只是來陪伴同學，不是我們團隊的一分子，我不必處理他。「有沒有此事？」小仙女只好點頭承認。

「為了樹立團隊的規矩，我講到一定做到。現在有兩個方案：一，就是我把劇本改掉，把仙女的角色刪除，但那牽涉很多人的臺詞；二，就是後面負責燈控、音控的學姊下來演仙女的角色。」

在一旁的懿德媽媽們意識到情況嚴重，開始奔相走告：「發生大地震！」圍觀的志工愈來愈多，大家心裏想的都是同一個疑問：「當天有兩場戲，每一場戲近千人，臨時換將，行嗎？」但我已經鐵了心。

我直視小仙女問：「你知道錯嗎？」她點頭認錯。這番勇於認錯的態度，讓人氣消了一大半，但我還是告訴她：「如果今天我是個自私的老師，一定讓你上場！」

這句話很多人無法理解。我進一步解釋：「因為我要向上千位觀眾交代，讓你上場最簡單。但，我如果這樣做，不過就是把你當工具而已——把你擺上臺，下臺後，你跟我一點關係都沒有。但，我是你的老師，現在要教育你一輩子都記得一件事：『沒有誰重要到不能被取代！』我可以承擔換掉你的結果，你明白嗎？」

她又點點頭，接受老師的安排。「如果你真的能夠理解老師這樣做的心意，我把明天最後一場戲還給你，但今天下午跟晚上的兩場，就由學姊上場，你同意嗎？」我用「還」這個字，也有我的意思，我要讓她知道，這個角色本來屬於你，是你不珍惜才失去它的。

仙女聽到還有機會演出最後一場戲，整個人開心起來。我也乘機跟她說，「今天的戲，你就負責把兩位學姊教好，陪她們一起彩排。」

仙女欣然接下這分任務。我轉頭跟兩位學姊說：「看了六、七場戲，臺詞應該也會背了吧？以你們老到的經驗，再學一個上午應該就可以了。至於下午場還是晚上場，你們就自己分配吧！」接到這個任務的兩位學姊可苦了，但身為幹部，長時間跟在我身邊學習，知道沒有討價還價的空間，只好接受挑戰。

本來的仙女身材纖細，兩位學姊雖然不胖，但穿上她的仙女裝，感覺就像仙女被灌水似的。還有仙女的舞蹈可是練了不下百次才成就的，臨時叫學姊去模仿，也只能圖個「形」，卻少了「神」。

經歷這起「真假仙女」事件後，我藉機跟大家說：「你們都知道仙女之前花最多時間練習，所以日久有功；學姊們過去再怎麼厲害，但這次沒有練過，不可能一下子就上手。每個人都要謙卑，不是當學姊就什麼都厲害；人們常說機會是給準備好的人，正是這道理。但只要一閃神，機會仍會失去，這是我要教你們的。」

後來，仙女分享這一路走來的心路歷程：「因為自己沒有做好本分事，被暫停兩場演出，讓我反省、懺悔並成長。我明白老師的一片苦心，真的很對不起老師，也對不起團隊中的每個人。」

但她很欣慰有機會參與最後一場演出：「我用非常喜樂的心情演出來、跳出來、笑出來。」這三個「出來」，可是她從內心深處發出來的，表示她的盡心盡意和盡情。「感恩一路來的風雨，讓我可以接受歷練並勇敢突破，成長茁壯。」

仙女覺得我在大家面前說她跳舞之美，是學姊沒有付出功夫難以一時媲美的，這件事鼓勵了她。她說：「使我能夠一直堅持下去的動力，就是老師的肯定和讚美——在我被停戲時聽見老師說，練習時我進步得很慢，一度讓她擔心，但她稱讚我最後的演出很自然，讓我的心又再一次被感動了。」

仙女的回饋說明，老師只要就事論事，所有年輕人都願意負起行為的後果。同樣的，老師不因孩子一時犯錯便完全否定他們，孩子也會學習明是非、知對錯的能力。像仙女就覺得這一趟旅途雖然充滿波折，「卻是使我成長的最好良藥，從無到有的收穫（指的是戲劇的完成），因為大家都抱持善良的心、替別人著想，真的很幸福、很感恩。感恩大家的大愛！老師我愛你！」

孩子的回饋最真實，我本該藏在心裏就好，但我希望可以跟教育同好分享，教育的心念一定會影響教育的結果。仙女印證了我的想法。

啄木鳥老師

人家常說要贏在起跑點上，我說「錯了！」沒有跑到終點站，誰能夠贏？所以記住：「贏在終點才叫贏家。」

不是你的「菜」

學生因為失戀而哭哭啼啼，我告訴她，
談戀愛時黏踢踢，久了會讓人產生壓迫感，想要自由……

班上有一對男女同學老愛坐在一起，老師上課時他們經常在聊天。有一次，我要求兩人分開來坐，男同學自此變得無精打采，上課時連老師都不看一眼，還真的把我當壞人了。

我不予理會，照常上課。隔沒兩天，在路上遇見那位女同學，我問她：「莫非你們是男女朋友？不然怎麼一定要坐在一起，又有講不完的話？」

「老師，才不是呢！他不是我的菜！」女同學猛搖頭否認。

年輕人喜歡用「菜」來形容人，這我並不覺得奇怪，於是接著又問：「那為什麼把你們分開後，他那麼不開心？」

「哪知道他！」她不以為然的語氣讓我相信了，忍不住提醒：「他讀書都不專心，態度不對，在他還沒自愛之前，不要愛他！」

「老師你想太多了，我們不可能的啦！」她斬釘截鐵地說。

「是你說不可能的！你們要是結婚的話，記得寄請柬過來——我去揍你！」我們師生笑成一團，旁邊的女同學插嘴說：「老師，她的標準那麼高，不可能跟他的啦！」

每次關心學生，我很少把他們叫到辦公室講話，除非事關重大犯規，需要嚴肅對話，不然就是這樣在路上遇見了，跟他們天南地北地聊天，也順便把課堂裏劍拔弩張的關係放輕鬆一下。

當然，不同的人對於學生的交友狀況，有不同的看法，有人或許覺得那是課堂外的事，實在不必過度干涉，只是就我的觀察，發現很多親密關係沒有處理好，會影響學生的情緒，也影響他們的學習成效。

有時候跟年輕人聊聊他們的交友情形，也等於讓他們有一個抒發的管道，在一些個案身上，還真的因為這樣的交談，不知不覺成了他們的心理輔導老師，幫助他們找到心靈的出口。

一位女同學到辦公室找我，我開頭就問：「跟男朋友分手了嗎？」

「老師，你很恐怖！你怎麼知道的？」她很訝異我的單刀直入。旁邊的友人說：「老師是X光機來的！」

「才不是，老師根本就是ＭＲＩ。」她們都是護理系的孩子，醫院的機器也可以是他們日常的對話內容，對於老師「透視」她的狀態，這孩子窮追不捨地問：「老師，你怎麼知道的啦？」

「我哪裏知道？我只是隨便問你而已。只是剛好問到！」

「老師，那你為什麼會這樣問？」她很好奇。

「你不覺得你遲早會失戀嗎？」我反問她：「你那麼黏人家，開始的時候人家或許喜歡。可是，久了會有壓力，一旦有壓迫感，就會想要自由。人性不都這樣？」我分析給她聽。

這孩子曾經在我辦公室哭過，當時我跟她聊，大略了解個性。「那你告訴我，男朋友跟你分手時，說了什麼？」我問她。

「他說課業太重了，希望可以回歸功課。」

「很好啊！他至少很有禮貌！現在調適得好些了嗎？」我問小女生。

「還好。」

我半開玩笑地跟她說：「你還會失戀好幾次，才會嫁出去！」

「老師……」她嗲著聲音喊著。

「老師是說，你需要多學習人與人之間的關係。」很多時候，個性獨立才能在人際關係中相互依存；相反的，當依賴關係讓一方有壓力時，就會破壞依存關係。我建議她，如果可以，先不要談戀愛，「把時間用來增強自我能力，能力可以改變你的依賴關係，能力也是你和身邊的人事物產生連結的橋梁。」

「功課好、學習有成效，會讓你更有自信。自信的人，就不太容易為周圍的人際關係所影響；相對穩重的個性，也可以讓你在人事物中長智慧，在吸引力法則下，自然就會有很好的人緣。」

女孩聽我這麼說，也覺得有道理，但知易行難。在校園內碰面時，除了相互打招呼，我還會注意她的動靜，偶爾看到她好像要跟我講話又怕我，就會主動跟她打招呼，關心她的交友情形。

「目前單身」她說。

「真的？」

「真的啦！」她笑著說。

我嘗試在她的笑聲裏作判斷，但這次「ＭＲＩ」沒有照出任何異常，我就學年輕人講話的方式跟她說：「不是你的菜，就不要隨便採喔！」她也笑了。

孩子在校園中談戀愛又失戀，這是多麼正常的事；藉由每一次的挫敗經驗，教導孩子更善待自己，幫助他們建構更成熟的人際關係，這也是積極的教育。

啄木鳥老師

功課好、學習有成效，自然有自信。自信的人不容易受人際關係影響，相對穩重的個性也容易吸引好人緣。

比較必生煩惱

她一直努力要成為別人眼中最優秀的人；
我鼓勵她，不要在意別人的眼光，只要相信自己夠好就好。

初到新生班上課，覺得這個班級很活潑；但幾個星期後再上課，發現氣氛變得不一樣；我猜，班上同學已經有摩擦、生嫌隙了。果然，他們一個、兩個地來說故事。

有一天，一位學生在朋友陪伴下來見我，從一開始閒聊，慢慢聊到她的家庭狀況，她說，家中除了爸爸、媽媽以外，還有一個弟弟。我隨口問她：「那你會不會覺得，父母比較疼愛小弟呢？」

「不會啦！我爸爸最疼我，反而是弟弟會吃醋。」她說。

「你講騙話喔！」我直視她，只見她臉色一變。倒是陪她來的同學眼睛睜得大大的，猛點頭，給了我一個肯定的暗示。

「你為什麼要講騙話？」

「……」她低著頭，不知如何是好。

「我說對了？」我望向那位不小心「洩漏」她祕密的朋友，她本能地點頭。我問她：「你為什麼知道？」

「她自己跟我說，父母比較疼弟弟，她很不開心。」聽朋友這麼一說，她竟哭了起來，那表情絕不是怪朋友說出她的祕密，而是一種在老師面前不用再硬撐的放鬆，我鼓勵她：「你儘管哭吧！這才是你應該有的表現。你一直以來都太『矜（矜持）』了！」

「老師只是問你跟家人的關係，為什麼你覺得在外人的眼光裏，父親比較疼你很重要呢？既然你不開心，為什麼要在老師面前隱藏這種情緒？為什麼要營造出你是家裏最受寵的小孩？你心裏並不是這樣想的，為什麼要這樣講呢？」我這一連串的問題，希望能讓她自我釐清、自我檢視：「你有沒有發現自己一直努力要成為別人眼中最優秀的人？在家如此，在學校也一樣，但本質上，你也清楚自己做不到，但又偏偏在意別人怎麼看你。」「你的問題就在於，你努力成為別人眼中的完美角色、你喜歡別人重視你，卻又缺乏自信。其實，不要管別人怎麼看你，你只要相信自己夠好就好。」她聽完這段話，淚流不止、無法接上話，看她那樣我也很心疼。

我長期觀察這位學生，大略知道她的人格特質。她其實跟人相處一開始都很熱情，可是關係不會持久。她希望跟甲同學好，就說乙同學的是非；希望乙同學跟她好，又說丙同學的不是。繞了個圈圈，大家說來說去，都離不開她在傳話，她的人際關係也就這樣出問題了。

我舉了幾個我觀察到的例子，讓她知道，她的問題都是源自缺乏自信。她擦了擦眼淚，抬頭看了我一下，我告訴她：「你要相信自己，不要老是活在自己想像的、別人的觀點裏。一個人之所以是非多，很多時候是因為價值錯亂，連自己要什麼都不知道。只要你相信自己夠好，一步一步讓自己更好，就不需要說誰是誰非了。」我後來也順勢跟她分享同學間的相處之道，貴在真誠。

「你是不是好奇，老師為什麼知道你的內心在想什麼？其實，老師也是家中五個兄弟姊妹的大姊，大概理解大姊的心情，才順便問你作大姊的感受。」我舉了自己成長的例子告訴她，「小時候，我也覺得母親偏心，但是等我長大，多了很多的體諒和愛，才理解從小就是別人養女的母親，沒有得到過完整的母愛，時時充滿不安全感；但是她很愛我，才會把我養育長大。」

「現在我很愛母親，也感覺到她給每個孩子都是滿滿的愛。我相信母親愛我，所以我很快樂、很滿足。也因為我很感恩，所以對母親過去愛我的方式充滿體諒和感激。」

「現在，我更理解天下父母心。父母對子女的愛其實是一樣的，只是子女個性不一，父母個性也是，所以不同的個性之間必有不同的磨合與互動。就是父母對你，不必是最好的，只要對你好就好，你不要跟你的弟弟比較、計較。」

我跟她分享，在親情關係上，喜歡比較必生煩惱。「父母比較疼愛誰，那是你主觀的感受。你回去只有兩件事要做，一、相信父母絕對愛你。二、如果你還感覺不到他們的愛，你要體諒他們還找不到你喜歡的方式來愛你。」

她回到宿舍就給我寫了個簡訊：「謝謝老師，我一直以來想改變，卻不知該如何做起。經過老師開導，我發現自己有價值錯亂的問題，這問題困擾我很久了，只是我不知該如何解決。」她還說，老師像教練，「教導我、引導我，糾正我的個性問題，希望老師可以繼續指導我。」

許多年輕人心性單純，只是像迷航的路人，茫茫找不到人生方向。如果老師願意指點，他們必能夠走出迷宮，活出輕安自在的人生。我也寄上深深的祝福。

啄木鳥老師

不要活在自己想像的、別人的觀點裏。一個人之所以是非多，很多時候是因為價值錯亂，連自己要什麼都不知道。

戀愛後遺症

她終日心神不寧、眼神游離；
美麗或許容易吸引異性，但缺乏自信老是影響關係。

她叫小寧，卻終日看來心神不寧。每一次排戲，她總是眼神游離，好像是誤闖戲劇現場的角色。

這現象不只是我觀察到，就連負責幫學生拍照的志工也發現了，透過精細的相機鏡頭，任誰也沒辦法逃過他的「法眼」。他抱歉地向我說：「小寧的眼神老是漂浮不定，任我怎麼拍，她和其他同學就是無法聚焦在同一點上。」

我把小寧叫來檢視她被拍的畫面，「你這漂浮的眼神，代表內心不安與混亂，你到底是怎麼啦？」她沒辦法回答，也在意料之中。

「你奇怪了，人長得漂亮卻沒自信，你還在看誰在看你嗎？有沒有男朋友？」我單刀直入地問。

可能因為我說她漂亮，讓她卸下心防，每個孩子都有故事，老師用心聽、沒有批判地聽，孩子就會慢慢地把心頭的故事說開來：「我在中學時談戀愛，被老師發現後，媽媽幫我轉學……」

小寧的故事精彩，過程曲折，沒有辦法判斷誰對誰錯，但那不過是她人生的一段路，我勉勵她前腳走，後腳放，首先就是要把心收攝回來，外在的美麗不必尋求別人的認同，但要先獲得自我肯定，「把心神專注在眼前的腳步，做該做的事。」

經過朝夕相處，小寧慢慢跟團隊融合了，好不容易將眼神調頻到跟大家一致；但就算是如此，我還是不忘告訴她：「沒自信會影響關係的。」

只要遇到小寧，我就會主動關心她的交友情形，她也很誠實地交代每一次的分手。美麗的小寧為什麼總是與哀愁相伴呢？或許她的美麗容易吸引異性，但是她的缺乏自信老是影響關係，可是她並不自知。

其實，為情所困的女子何止小寧一人。羅曼羅蘭說過，「可憐一個人對於幸福太容易上癮了！等到自私的幸福變成了人生唯一的目標之後，不久人生就變得沒有目標了。」

同學們一起讀書或活動，日久生情是很容易發生的現象；但也因為年輕，彼此講話很快又會熟不拘禮，不是常鬧情緒就是鬧彆扭；前幾天看到一對學生情侶就是這樣互動，我很直接地跟他們說：「再不改，很快會分手喔！」他們這才調低聲調。

我也跟他們勉勵，除了互敬互愛，最好要擴大自己交友的圈子，讓人生中多一些見聞，不然兩個人一旦分手，就會發現過去圈子太小，只有彼此，哪一天要是沒了彼此，就什麼都沒了。

人生沒有目標，那是多麼可怕的一件事。

啄木鳥老師

當自私的幸福成為人生唯一的目標後，人生就會失去目標。

不被激怒的智慧

課堂上，我親身為學生示範，「有人『靠北』的時候，你儘管靠東、靠西、靠南，就是不要靠北！」

這是一堂早上十點的課，課程名稱有點重，就是「領導與溝通」。

上課了，學生還伏案睡覺，我沒有辦法不把他叫醒。我溫和地問他：「你為什麼那麼疲倦？」沒想到他一臉不高興：「你不要管我！」

「我當然要關心你！」

「你靠北！」他繼續發脾氣，但這句話就不是什麼好話了；我也不示弱地跟他說：「我靠南不靠北的！」

看他那樣憤怒，我也識趣地說：「好吧！那我這個星期不管你，以後再管你！」

「以後你也不要管我！」

「不行，我以後還是要管你的。」這堂課講「溝通」，於是我問同學，「為什麼老師說這個星期可以不管，但以後還是要管他呢？」

教室裏一個調皮的聲音大聲喊：「因為你愛他！」

這句話一出，班上同學都笑了，我快抓住這個下臺階說：「沒錯！」

「老師愛你，所以你不必愛我，你恨我吧！」我接著用 Nike 廣告中籃球高手 Kobe Bryan 的一段話跟同學說：「I want you to hate me, not to love me because I pushed you when no one else would. Because I demanded greatness, and greatness demands everything.」

「老師對你有期望，期望你偉大，期望你的明天，所以，就算別人不要求你，我還是對你有要求。你儘管恨我，不必愛我、喜歡我，但你要知道我愛你。」

那位同學被老師這麼一說，盡顯不自在。我於是跟班上同學說，這就是「溝通」，溝通就是有不被激怒的智慧。「看到了嗎？有人『靠北』的時候，你儘管靠東、靠西、靠南，就是不要靠北！」

本來以為會激怒我的同學，顯然被我刺激得渾身不自在。他突然站起來說：「老師，我的家人有訊息來，說家裏有事。」

「好啊！記得請假，不然我記你曠課。」我順口叮嚀他。後來跟這班的導師確認，他果然請了假。

當天他離開教室後，課還是得照常上。我跟學生就領導的課題再討論：「老師剛才說，這個星期不管他，以後再管他，原因就是領導者必須懂得察言觀色。像剛才同學那樣的情緒，就不是溝通的時候，多說無益，還會引起衝突。至於未來還是得關心他，因為領導不會跟部屬計較，就像老師關懷學生、不放棄任何一個學生；領導也是，不能放棄任何一位部屬。」

隔了一個星期，我再去同一班上課，課前隨手拿了兩顆糖果。那位同學比我晚進入教室，一看到他，我一反日常老師的威嚴，輕鬆跟他打招呼，也把一顆糖果給他，這是「試水溫」用的。他接受了，我便知道接下來沒那麼難處理。

若只帶一顆糖果、只給他一個人，那麼焦點就太明顯了，會讓他尷尬不自在，我把另一顆糖果隨手給了另一個同學，他也接了。

我們繼續上課，那位同學還是免不了睡神的召喚，一下子又睡了，只是他旁邊的同學經過我的拜託，會隨時叫他醒來。發現我叫他起來，他很防備；但若是同學叫他，他就會向對方笑笑。在旁邊觀察，也覺得有趣。

那堂課結束，這個暴怒的年輕人在朋友的鼓勵下走了過來，輕聲地說：「老師，我為上個星期的事道歉。」

我沒有想到會有這突如其來的道歉，一時也有點不好意思，覺得自己就是以老師之姿，讓這倔強卻又處於弱勢的學生感到尷尬：「沒事的。老師了解，你那個叫做起床氣，不是嗎？」我們師生相視而笑。

期末的回饋裏，不少學生提起他們印象最深的一堂課，就是我跟這位年輕人「靠北靠南」的溝通。

同學說：「日常生活中都會遇到與人起衝突的時候，但是看老師跟同學演示了『正面迎擊』的溝通方式（positive confrontation），看到老師教我們發生衝突當下，應該要怎麼做才能化解問題，讓我們學習到溝通的方法，也學會人與人之間的應對。」

遺憾的是期末時，那位年輕人休學了。導師告訴我他的一段往事，這讓我再度印證，許多有偏差行為的孩子都有故事。這樣的孩子最需要被愛，但是因為他們很容易跟人起衝突，很不可愛，所以也常常得不到愛。就是你關心他，他也很防備。因為他們會重複犯錯，很害怕每一次被愛之後，又被放棄、被討厭。

要愛這樣的孩子之前，大人們記得要愛得真誠、清淨不染著，才不會因為他們再犯，讓自己失望而「惱羞成怒」。否則，我們愛人的過程，常常沒來得及把愛送出去，卻徒增他們的怨與恨。

我很慶幸跟那位年輕人幾次交手後，都沒有對他起過一次怨念。

啄木鳥老師

行為偏差的孩子最需要愛，卻因為容易跟人起衝突，很不可愛，而常常得不到愛。愛這樣的孩子，要避免起怨念或惱羞成怒。

SUSU

輯二

想方設法

適應

就如為嬰兒慢慢添加副食品，能增強營養和免疫力；
想要幫助孩子成長，就要鼓勵她接受新環境的新元素。

「老師，前兩位病人患的都是風寒，為何老師下的方子不同？」面對學生的提問，明朝醫學家張景岳回說：「醫者醫人，不是醫症，兩個人雖都是受風寒，但起因不同，方子也不同。」

所謂「醫者醫人」，是指醫師對待病人不應只關心他哪裏不舒服，而是要從病人整體狀況來觀察診視，並追究不舒服的源頭，才能根本治療。教育學生也是一樣，兩個學生可能看似同一症狀，但因個性不同，也會有不同的處理方式。

有一班新生剛從海外到臺灣讀書，報到不久就陸續出現環境不適應症狀。甲同學經過開導，「催眠」自己再過幾個月就可以放暑假回家，很快就可以跟同學一同遊樂、一同學習。

相反地，乙同學只要接到家中來電就會哭得很難過，家長被她的情緒影響，母親甚至焦慮到生病了，來電要求老師關心。我認為這學生的症狀就像是沒有斷奶的孩子，對嬰兒來說，斷奶有兩種意義，一為容器的改變，由母乳轉成奶瓶或換成其他器皿，二為開始增加副食品。

要讓乙同學接受新環境，在觀念上需要不斷給予新刺激，才不會老想著舊日子的回憶。我跟母親說，她現在換環境就像嬰兒改變吃奶的容器一樣，如果每一次孩子哭鬧就不捨，又開始餵食母乳，那真的會很難改變過來。母親不要每天打電話給她，才能幫助她暫時忘掉思鄉愁緒，跟同學融在一起。

就如慢慢增加副食品一樣，能為嬰兒增強營養和免疫力，想要幫助孩子成長，就要鼓勵她接受新環境的新元素。幸好，這學生經過很長一段時間總算適應了，母親也適應孩子不在身邊的事實，電話也沒打得那樣殷勤。

說到環境適應，每個孩子的調適能力跟方法不同，就像各人體質不同，有的剛到新環境就會明顯適應不良，但更多同學剛到新環境都處在蜜月狀態，覺得每件事物都新鮮好玩，直到開始想家時，症狀才慢慢浮現，開始覺得這裏不好、那裏不好，接著又會有文化衝擊、適應不良的問題浮現。當然每個人的調適能力跟速度不一樣，所遭受的衝擊也有大小。

學校為了幫助外籍學生適應環境，特安排我這位「外籍老師」給他們上環境適應課。聽學生分享自己初到臺灣，面對食物、語言、氣候、生活和溝通的問題，都非常有趣；如馬來西亞學生雖然都會講中文，但因為慣用語不同，常常鬧笑話，他們跟店家要「水草」，店家聽不明白，後來是臺灣同學告訴他那叫「吸管」。還有同學分享，「我跟臺灣朋友說要去『按錢』，他們一副我要去搶銀行的驚訝，後來才知道臺灣習慣說『提款』。」

他們的中文有時還夾雜著英語、馬來語，就如臺灣人暱稱的「晶晶體」，若不知背景，還真難從字面去理解「晶晶體」的其中意涵。

我讓外籍同學去超商觀察、拍照、做報告，看什麼東西是臺灣有，他們國家沒有的。學生分享最多的就是食物，大家最不習慣的也是臺灣飲食。大陸同學覺得臺灣食物偏甜、吃不習慣，何況還有來自印尼、尼泊爾、泰國等地的同學，更需要一段時間才能習慣臺灣生活。

還有同學拍了一張 7-ELEVEN 店員的照片，在班上引起討論。有人說，7-ELEVEN 的店員制服在所有國家都是一樣的，看不出文化差別，但拍照的同學辯稱：「這店員是臺灣人，在我們國家的不是臺灣人。」

這答案很好。我接著畫了一個「文化冰山圖」告訴同學，我們所看到的都只是文化冰山的一角，冰山底下有不同的習俗、價值觀，這都是看不到的。就算是穿著一樣制服的超商員工，也因成長環境的不同，思想和見解也不會相同。在冰山底下，人們的思考邏輯、回應問題的方式、表達等，都是我們要花時間去理解和感受的。

我請同學就自己的經驗，分享不同國家的超商員工工作態度是否不同？他們普遍覺得臺灣訓練得更有禮貌。我也順勢提醒他們：「是啊！來到異文化空間，最有價值的就是見賢思齊。在適應環境的同時間，學習理解文化差異，也把人們好的態度學起來。」

後來我設計了一系列的活動，讓學生於國際美食展中義賣自己國家的美食，也將所得捐作國際賑災用。我們也舉辦了「零極限世代——青年創造未來」國際晚會，學生花了一、兩個月時間苦練他們國家的民族舞蹈，不僅透過互動找到樂趣，更從中發現人有無限的可能。

開學後再看到大家，顯然都沒有被新環境考倒，就連原本一直吵著休學的乙同學也適應了，新學期看到她跟著班上同學在校園裏灑掃，臉上多了笑容。我自己也曾經歷文化衝擊而存活下來，深知海外學習經驗很珍貴，我也相信這班學生透過異文化的磨練，一定會增強自我的文化智商，就像中醫所說的「增強體質」，以後不管到什麼環境都不容易生病。

啄木鳥老師

海外學習經驗很珍貴，透過異文化磨練，增強文化智商，就像中醫所說的「增強體質」，以後不管到什麼環境都不容易生病。

從「心」反思

大學生要訓練思辨能力，可以先從自我反思開始，
將所接觸的對象當作鏡子反射，自我觀照來訓練觀察力。

上課時，我提到「反思」——藉由看到的、聽到的，思考你可以做什麼，或者改變什麼？我告訴學生：「反思能力要先由『觀察』開始。譬如，看到老師時，你觀察到什麼？」

「我看到老師戴藍色眼鏡。」一位大三同學的答案讓我覺得好笑。

「你們也都看到老師的眼鏡是藍色的吧？」我問同學，「看到老師戴藍色眼鏡，有什麼反思呢？」

「大家都容易看到具相的東西，但大學生要自我訓練看見『看不到』的抽象能力。」聽我這麼說，另一位同學說：「我看到老師很有活力。」

「嗯！這也是透過老師的動作、聲音所下的結論，比第一位同學看得更深一點了。」

「我看到老師很有自信。」有同學再說。

「自信，相對又比活力抽象。同學的觀察，跟反思有什麼關係？」我這麼一說，大家都停了下來，無法想像老師要什麼樣的答案。

「大學生要訓練思辨能力，可以先從自我反思開始，將所接觸的對象當作鏡子反射，自我觀照來訓練觀察力。」我告訴大家，反思是一種積極的能力，也是一種自我要求的動力。這班同學經過更多的舉例，才逐步了解「反思」。

「看到老師的『無懼』（fearless），我也要學習在異地生活更勇敢。」一位來自菲律賓的同學，很快就從老師的問題中抓到重點；兩相對照，飄洋過海來的孩子似乎有更深的生命體驗。

我接著問他們：「你知道老師為什麼『無懼』嗎？」

「老師『無懼』，是因為我愛你們。你相信嗎？」同學們都說相信。

前不久「國際之夜」彩排時，有一支隊伍被我從節目中刪掉，我以此為例說明，「你們都看到了，他們和其他隊伍相比，程度差太多了；你覺得老師把他們的節目拉下來，是不愛他們還是愛他們？」

「是愛他們。」同學們異口同聲說。

「如果老師草率地讓他們上臺，一定會影響他們的自信心。真正愛學生，就要保護他們。老師當下無懼他們的難堪，為的就是確保他們下一次上舞臺的信心。所以記得，無懼來自真誠的心，做對的事，就沒有什麼好害怕人家高不高興的了。」同學們聽了點點頭，回憶起那一天晚上，所有同學都明白老師的要求和期待，各個團隊也卯足了勁呈現。

「那現在換老師從你們身上學習反思囉！」我舉例：「我在你們身上看到，你們為了理想而遠赴他鄉，儘管有很多的不適應，但每每想到你們來這裏，不只為了自己，更為了家人更好的明天；我在你們身上看到，你們很節儉，還可以存零用錢寄回去給家人，我覺得你們好棒！我要更認真教書，教給你們最好的，也幫助你們找到更好的自己。」

我跟同學說，這就是「反思」，在別人身上看到感動，促使自己更有使命感；又或者在別人身上看到不夠好的地方，設法自我改善，這都是透過所見所聞，再把改變的責任放回自己身上。

「反思和批判不太一樣。很多人自覺有批判力，緊接著的動作多是批評；反思則是反求諸己，在別人的需要中看到自己的責任。」我以過去帶學生去老人院服務為例，回來後，有些學生覺得老人院髒，也順帶批評人家沒有把工作做好；另一群同學則在按摩時發現長輩手腳冰冷，事後幾位同學合資買了襪子、手套，再到老人院送暖——這就是批判跟反思的差別，前者看到不如意事，容易生起煩惱心；後者則是想盡辦法要改善別人的狀況，自己也從中獲得快樂滿足。

「反思」是一面有趣的鏡子，我們的心鏡若是擦拭乾淨，在反思的過程中，對於所有境界都會照見得明明朗朗。反之，若用自己的觀點和執著去障礙觀看外境的能力，也將會失去反思的功能。

啄木鳥老師

「批判」緊接著的多是批評，「反思」則是反求諸己，在別人的需要中看到自己的責任。

三個場景

看事情的角度只要有了慈悲，就會產生理解，
也會多一點包容，而能以耐心引導。

試想想一個情境：剛打掃完，地板擦得亮晶晶，一個三歲小孩在玩彩色顏料，將地上弄得一塌糊塗，你會有什麼反應？生氣？輕拍他的小手，然後瞪他一眼？責問他為什麼要這樣做？

另一個場景：同樣打掃完畢，一個剛吃飽的三歲小孩蹦蹦跳跳，不小心吐得滿地都是，你得重新拿起掃具，繼續將地上清理乾淨。當下你會有什麼反應？會不會抱怨這孩子吐得滿地都是，為你添麻煩？會不會覺得有點悶，剛打掃完又要重來一遍？會不會念小孩，以後吃飽不要再蹦蹦跳跳？

再一個場景：乾淨明亮的客廳，是花了一整個早上整理的成果。你正抱著一個三歲生病的小孩、細心呵護著他。突然間，「哇啦」一聲，他吐了一地，當下你的心情是不是擔心多過生氣？你有沒有注意到，當下你有很多同理心、同情心，覺得要趕快帶他去看醫師？

我舉這三個場景，其實是讓大家看看自己平時為什麼生氣？大部分時候，是因為我們強求不太可能的狀況。像前述三個案例，你明知道不太可能要求三歲的孩子不添麻煩，但只要他製造了麻煩，你就會忘記他是小孩，僵硬無感地對他有非分的期望——希望他不要隨手塗鴉、不要將地板弄髒，當他們沒有辦法符合期望時，我們會生氣、打他的小手，結果我們找孩子麻煩，實則是找自己麻煩，當他哭了，我們還得去安撫。

當孩子蹦蹦跳跳而嘔吐，你覺得他給你製造麻煩時，腦筋連結的不是他的身體狀況，甚至也忘了愛玩是孩子的天性；因為你心裏希望「事情應該如何發展」，因而忘了不能跟孩子計較；你的期待跟感受有落差時，就會為了他又給你添麻煩而生悶氣。我們的認知很容易受影響，常常一遇到麻煩、觸境生心，心就受動搖了。

最後一個場景，是讓我們看看自己：你的本性其實是多麼慈悲啊！看到三歲的小孩生病，你內心對他產生疼惜，就算他給你添再多麻煩，你也不介意、也不責備。你全心全意愛護他，這時候的心也就是佛心。

以上是我觀察父母、子女互動的情形，也有趣地反觀自己在校園裏跟大學生互動的心態。什麼情境會惹人生氣？什麼時候我們又有很多的體諒和包容？

看事情的角度只要有了慈悲，就會產生理解；此時，孩子不論幾歲都足以為我們帶來很多的快樂。若能經常反觀自心，理智一點、接受孩子的本性，就算是他們把家弄亂了，或者把事情搞砸了，也會多一點包容、以耐心引導。

曾經有一位學生成績搞砸、獎助學金沒了，得自己繳學費，卻又繳不出來，輾轉回到我這裏尋求協助。我的第一個念頭也是怪他有能力，卻沒有做好自己的本分事，現在出問題了，應該要自己負責；但念頭一起，馬上又提起慈悲心看待他當下的需要，我還是把他叫來了解。

剛到辦公室，他講話時還是一副吊兒郎當的樣子；幾次喝止他「跟我講話不要嘻皮笑臉」，他總算將心收攝住。問了他幾個問題，他很誠懇地回答、眼眶泛淚，果然也是家裏有事影響了學習，最後又變成現在這樣的僵局。我決定幫他申請相關救濟，也慶幸後來決定把他叫來理解，能夠幫助到他。

老師的一念心足以影響學生，像我經常帶大團學生出門，他們一旦玩開了，笑起來、鬧起來總是會影響周圍，也得面對人家的投訴或白眼。我知道有義務提醒他們降低聲量，但也不至於因為人們對他們的看法而起厭煩之心。

面對外人的投訴，如果我們覺得丟臉而對學生「加倍」責難，必會引來反感；只要想到：「誰沒有這樣的青春」，就不會覺得他們讓老師丟臉，幾次心底還會浮現「青春真好」的讚歎。

我常跟教育伙伴分享，只要我們有這分覺察，教育路上才會走得輕鬆。否則一個老是把學生表現當業績的老師，時時充滿得失心，必也時時充滿壓力，那就無法提起教育的智慧、客觀審視學生的需要。

只要持續觀察發生在眼前的每一件事物，不堅持事情非得怎樣才叫順心滿意；接受事情發生的本來樣子、接受孩子的心性，反覆訓練我們的心智，我們的心靈也應該會日趨明朗清爽。

啄木鳥老師

接受事情發生的本來樣子、接受孩子的心性，反覆訓練我們的心智，心靈就會日趨明朗清爽。

精算

學校提供學生資源，更應教導「成本概念」，
日後他們無論從事哪一行、哪一業，才不會未造福先造業。

婷妤在花蓮玉里慈濟醫院上班，上個星期到花蓮市出差，順便回母校看看。人還沒有進到人文室就大聲喊：「媽咪，我回來了！」飛奔過來就要給我一個擁抱。

「小聲點，別人還以為我什麼時候結婚生小孩了！」我念了她一下。

從學生時代開始，她就是一個懂事貼心的女孩；就算畢業多年，還是跟師長很親。有一次，學妹問她：「主任跟你這樣好，也會罵你嗎？」她說：「當然會啊！」學妹很訝異，以為是老師特別疼她，她才會親近老師。

婷妤告訴她們，老師罵人一定是有原因的，「一定是我們哪裏做錯，

老師才教我們的，你們要知道自己可以跟老師學什麼？」我很欣慰有這樣的學姊在我跟其他學生的互動中，起了緩衝作用，不僅幫忙安慰了學弟、學妹，也讓他們對老師起敬信之心。

畢業後，婷妤因為很愛親善大使這個團體，也一直追蹤學弟、學妹的動向。這次回來，她羨慕地說：「學妹的孔雀服好漂亮！你都給她們用買的，以前我們還要自己做！」

「你還敢說，當年給你剪壞掉的費用，比我給學妹買的都還貴！」聽我這麼說，她用手遮臉，開始向陪她一同回來的同學思安，回憶過往被我罵的往事。

那一次，她負責她們那一團的戲服，一口氣剪了七、八件裙子，被我嫌棄難看，要求重新做過。我念她們：「為何不先裁剪一件當範本，通過後才開始依範本製作呢？」我在意的是學生做事的先後秩序，告訴大家，「學校給你們很多資源，但我最怕的是你們沒有學會成本概念，以後無論做哪一行、哪一業，沒有造福，就先造業。」

一直到現在，婷妤都沒有忘記那一段對話，所以現在在醫院上班，看到有人做事沒方法又浪費，就會想到老師教她的好觀念。那天回到玉里，她又傳來一則簡訊：「媽咪，謝謝你，說幾句話就像上了一堂人文課，好歡喜。」

當年在我的人文課，她永遠都是最投入的。有一天，她跟我說：「老師，我要跟你懺悔？」我專注地等她懺悔，她卻告訴我：「今天你上課的時候，我偷錄音！」

當時我心想，今天上課如平常，我並沒有講什麼特別的事或批判性強的事啊！因此疑惑地問她：「為什麼要錄音？」

「老師，你不是說下個星期要請假、沒有上課嗎？我怕我想你！」啊！在臺灣第一次聽到這樣肉麻的話。但，我相信這絕對是婷妤的真心話，因為她個性平和、熱情，這樣的告白對她來說很正常。

她是少數可以把情感表達得不錯的學生。曾經在一堂課上，我以印尼垃圾山的小孩為例，請班上同學展開辯論；我問他們：「一個十歲才念小學一年級的孩子，父母、爺爺一輩子都在垃圾山下討生活，他將來有沒有可能擺脫垃圾山？」

有人說；「不行，因為大環境會讓他無法翻轉人生。」但婷妤跟一些同學卻認為可以，「只要有貴人幫助他就可以！」

「誰是他的貴人？」

「慈濟人！」

我挑戰她說：「誰是慈濟人？在慈濟念書的你們是慈濟人嗎？為什麼你們大學生老愛把自己應該要做的事，都變成慈濟人的責任呢？」

這些同學經我一說，也覺得有道理。婷妤說，她會跟同學一起存零用錢，希望可以帶動更多人關心這個十歲的小孩。期末，她果然拿了三千塊新臺幣讓我帶去印尼，由慈濟人代為轉交；這時才發現，那個十歲的孩子不到一年就輟學了。

我把這消息轉告婷妤，除了謝謝她很用心去實踐自己的承諾，也讓她了解，大環境是做好事最大的挑戰，但我們不氣餒，應該在自己能力範圍內，將我們的工作做好：是護理師，就好好照顧病人；是老師，就好好教育孩子。

我想，若每位老師都能得學生如婷妤般受教，不就如古人所云：「不亦樂乎？」

啄木鳥老師

做好事雖有挑戰，但毋須氣餒，在能力範圍內做好自我工作：是護理師，就好好照顧病人；是老師，就好好教育孩子。

成長不能「代勞」

有些事一定要讓孩子去經歷，才能體會別人的辛勞；
孩子懂得感恩，才不會貪圖欲樂，忘了人生的本分事。

《妙法蓮華經・譬喻品》有一段精彩的文字，佛陀提到他要救苦難眾生出火宅，他明知道自己有神通力，卻選擇不用。他問智慧第一的弟子舍利弗：「我如長者身手有力，大可把身陷火宅的孩子救出來，為什麼我沒有這麼做呢？」

在經文中，佛陀常自問自答：「因為這些孩子連我告訴他們這是火宅，趕快出來，他們都不相信了。我就是身手有力把他們救出火宅，他們也不會相信這是我辦到的；就算我把他們救出來，以後他們還會跑進去。」

所以佛陀像長者一樣，「但以殷勤方便」，告訴孩子們外面有好玩的羊車、鹿車、大白牛車；愛玩的孩子們於是被吸引，就從屋內跑出來。這時候，長者才贈送給孩子們裝滿珍寶的大白牛車，讓他可以自度，也可以度人。

對教育工作者來說，佛陀真的很有方法，我們要學習的正是這種明明可以很快就把孩子「救出來」，卻不這麼做的「智慧」，也是無為的妙法。

綜觀社會上有兩種父母，一種是過去苦過來了，現在不想讓孩子再吃苦，他們的想法多是認為「我環境允許，為什麼要讓孩子去吃苦？」這也是多數父母心。只有少部分父母很珍惜自己在苦日子中磨練出來的心智力量，認為應該讓孩子也體驗一下，才能珍惜擁有。

我有一個朋友在印尼當老師，他告訴我，一次教導學生打掃校園時，卻遭家長質疑：「我們家有的是女傭，我的孩子根本不用做家務，他在學校學打掃有什麼意義？」

這家長講起話來咄咄逼人，還說：「學校若需要，我可以代請傭人來打掃。」我的朋友氣壞了，他跟家長說：「萬一，有一天你家道中落了，孩子是不是也需要做家務？」

我笑他一定惹怒了家長，他好奇我怎麼會猜中？我說：「因為你的回答太笨拙了。你詛咒他，他不罵你才怪。」

「那該怎麼跟這些老是要特權、又不遵守學校規定的家長講道理呢？」朋友真的很氣。我告訴他，「有些事一定要讓孩子去經歷，才能體會別人的辛勞，更感恩自己的福氣；孩子明白了，將來才不會貪圖欲樂，忘了人生的本分事。」

教育孩子必須有所為、有所不為，尤其成長這件事，很多時候是無法請人「代勞」的。教育工作者需要了解其中善巧，用對方法讓孩子能夠快速體會，且能真正進入心坎裏，了解父母、師長對他施教的內涵。

父母心疼孩子情有可原，但真心愛孩子，就要忍心放手讓孩子動手做一做；有時候甚至不順孩子的心意，才能真磨練他的心智，幫助他成長。

最近臺灣有一則新聞報導，家長為了四歲小孩想要別人機車上的娃娃，就不告而取把娃娃帶走，留下紙條和五百元當作是跟人家買的。

就法律來說，未經同意，擅自取走別人的財物，就是偷盜；就算放了錢，別人沒有同意交易，也是侵占。父母教育孩子時，應該有更基本的觀念才是。「不是你的東西，就不可以拿。」這樣的紀律和教養，對孩子將來應該會更有開展性。

愛他，不是什麼都給他；幫助他理解是非、對錯，有所堅持，才是給孩子一輩子最好的禮物。

父母就算再有能力，也應該像佛陀一樣，忍著神通力而不用。佛陀告訴舍利弗，他之所以用善巧方便法門，就是要引導眾生出離三界火宅；同樣的，父母也有責任引導孩子遠離物質的欲望。若沒有從小開始建立對的觀念，將來孩子長大，觀念偏差就會任意妄為，到時候恐怕不是一個道歉可以解決的。

天下父母心比比皆是，能提起智慧之愛、去除世俗愛染，就能超脫俗情私愛的束縛。

曾經有兩位成績優異的畢業生，他們在一年級下學期才入學，三年半要修完所有畢業學分，就得下修部分一年級上學期的課程，無法跟畢業班一起提早考完畢業考，故結算畢業學分時，儘管他們在四年級第一學期時都考到系上第一名，卻無法拿到優秀學生獎。

其中一位學生的父母經校方解釋，就歡喜接受，也不執著一紙獎狀，但另一位學生的媽媽卻很煩惱，透過許多管道想要爭取孩子的榮耀。我跟媽媽溝通時告訴她，真正的榮耀不在一紙文憑，但她還是覺得學校抹煞了孩子的榮耀。

「榮耀不會被抹煞，是不理智才會抹煞榮耀。真正有能力的孩子，就算沒有拿到獎狀，也能從人品得到尊重。」這是我的真心話。隨著各個學校發的獎狀愈多，獎狀的價值也就薄如那片紙張了；學生未來就業面試時，說了什麼、怎麼表現，絕對比獎狀有用。

孩子已經大學畢業了，父母如果還像小學生家長一樣幫他爭取權益，恐怕孩子也會感到難堪；更何況真正第一名的孩子，應該也有自己的一分榮譽感。

佛陀愛眾生如子，充滿慈悲智慧。父母愛子女，也應該學一學佛陀有所不為的智慧。

—啄木鳥老師—

愛孩子，不是什麼都給他。放手讓他吃苦，幫助他理解是非對錯，才是給孩子一輩子最好的禮物。

你的「疼」不是我的「痛」

每個人都想要以自己曾經歷過、或痛或苦的經驗來勸慰別人，孰不知，疼痛已經不在時，當初的感受很難再具體領會。

劇烈疼痛的經驗，是所有經驗中最私密也最無法與人交流的一種。

健康的人對癌症病人說：「我了解！」他很生氣；換成癌症病人勸導他，他同樣也說：「不要跟我說你知道！」兩位癌症病患都是我的學生家長，因緣際會，他們每天都在我家用餐，我們一起共處了兩個多月，在那個過程中，我體會甚多。

每個人都想要以自己曾經歷過、或痛或苦的經驗來勸慰別人，孰不知，疼痛有某種空白的元素，當它已經不在時，當初的感受很難再具體領會。

所以當你想要「教」別人如何去除疼痛之苦，常常引發對方內心不被了解、更大的痛苦。

常說「聆聽」、「傾聽」、「諦聽」很重要。這，我絕對相信。疼痛時，需要的不是安慰，安慰不能讓人減輕疼痛。我自己有過非常劇烈的經痛經驗，那時候不只止痛藥無效，感覺就是一點點的噪音都會讓我更加難受。

我最怕的是人們拿自己的疼痛來跟我比較，然後「期待」我不要那麼痛。你說你明白我嗎？你擁有我的疼痛嗎？這些經驗後來在跟學生互動和輔導中，漸漸讓我理解：關心學生的身心狀況，就得完全放空；當你深入傾聽時，他的痛苦就找到了出口。有一天，他也會慢慢復原，慢慢忘記痛苦；但他沒有忘記的是他最疼痛時，對旁人講話的「無禮」。

我跟他說，「那不是『無禮』，是『無力』，但『有氣』。有氣無力，聽過嗎？」人在極度疼痛時，一定有氣無力，講話又短，聽起來就是不耐煩，這是我的體驗。所以，我跟學校的懿德媽媽分享：「我們都是扮演幫助別人的角色，很重要的一點，就是放下『我們要說服人』的心態。有時候，幫助不在講話而在『聽話』，那就是『傾聽』。」

「傾聽」比「說服」，更容易幫助人釐清問題。自己講著、講著，有時候會發現自己的矛盾點，也會發現問題所在；更大部分，問題都在自己。自己發現自己的問題，比較容易解決，因為問題是自己的，改變自己也比改變別人容易。相反地，有時候嘗試說服對方，容易讓人豎起防備心，更不容易正視自己的問題。

有一個身形清瘦的學生正是如此。每次說笑話，別人還沒有講她就先笑，然後也很努力講笑話，希望引起朋友共鳴。有一天，我把她叫來身邊，跟她說：「你不必這樣！」

我只是輕輕地點她：「你沒有你所表現出來的快樂。你內在很豐富，但也很複雜。如果老師可以幫你梳理，我希望幫你把豐富留住、去除複雜。」這小女生笑笑地不置可否，我也沒有進一步跟她說明。

直到有一天，她發燒了，我一碰她的身體，卻是手腳冰冷。我開玩笑說：「來！我來把脈！」把手放在她的脈搏上：「嗯！手很冷！心更冷！」

我留了個對話的機會，跟她說，哪一天需要，歡迎她來辦公室找我。很快地，這同學真的到辦公室來分享自己的故事。

小時候父母離異，過程讓她很受傷，大人的語言暴力讓她很害怕……我耐心傾聽，過程中也適時誇獎她處理得好。最後，我跟她說，「老師注意你很久了，你努力讓人覺得你沒事，但你心中就是有事，這正是你自己沒有看到的矛盾。今天老師終於了解，你很努力讓自己覺得沒事，但心裏不是真的不把它當作一回事。」

「現在講出來了，可以用不同的心態來面對。」我勉勵她要「胖三公斤」來證明自己想通了，也真的無罣礙了。

有一天，她說媽媽要來見我，我答應了。見面時，媽媽向我道謝，身旁一起來的小妹妹看來更加心事重重；回去時，這位姊姊要抱抱妹妹，卻被她甩開，我看了一下姊姊，果然她眼眶充滿淚水。

我走到她身旁，輕輕跟她說：「給妹妹一些時間。」我猜，媽媽此行是希望我能開導妹妹。可是，畢竟她不是我的學生，從她外表看得出來她防備心很強，之前沒有互動過，真要教她對我敞開心門說話也很難。我只是拍拍她的肩膀，跟她說：「要多笑喔！開朗招吉祥，多笑會帶來福氣。」

兩姊妹表達哀傷的方式很不一樣，兩人都有受傷、疼痛的內心。一個把傷心加上憤怒當佐料，明明白白地攤在外人面前；一個卻是很努力地將傷心裹上一層糖漿，總是笑臉迎人。

不論她們如何表達自我，我都祝福她們儘早找到自我療癒的方法。

啄木鳥老師

想要扮演助人的角色，就要放下「說服別人」的心態；「傾聽」比「說服」更容易幫助人釐清問題。

「七顆蘋果變八顆」的智慧

給出去的，一定會換另一種形式還回來，
這種分享的快樂，比累積金錢的數字更有意思。

有一天上課，我問同學，「據說，美國印地安人有特殊的數學邏輯——如果你問他們，七顆蘋果給了鄰居一顆，還有幾顆？他們的答案是八顆。請問為什麼？」

班上印尼同學回答得很快：「這叫『投資』！」全班都笑了，我也覺得好笑。我壓根兒沒有想到「投資」這件事，因為當天要談的主題是聰明與智慧，但這個答案正好讓我可以舉例說明。

「投資有賺有賠，七顆蘋果會不會最後連一顆都沒有？」

「會！」

「所以投資是聰明人的玩意兒。」我告訴大家，印地安人的七顆蘋果之所以變成八顆，來自他們文化中「分享」的智慧；給了人家一顆，自己不會變少，一如證嚴上人開示：「聰明的人得失心重，有智慧的人則勇於捨得。」

「老師以前的舊家，跟鄰居之間有一個窗戶是可以隨意打開來的，只要媽媽做了什麼手工菜，一定會推開窗戶，將好吃的料理送給鄰居，鄰居當然也會這麼做。」我感嘆，舊社會人們相互分享的感動，隨著人們居住空間的改變，如今家家戶戶門戶深鎖，比較不容易有這樣的往來了。

我再舉例，緬甸在二〇〇八年遭受納吉斯風災侵襲，造成當地十三萬人死亡，「世界米倉」陷入一片汪洋。慈濟進入勘災，展開短中長期援助計畫，從發送肥料、稻種、帶動他們行善布施；如今災後十多年了，緬甸農民懂得回饋，許多受助家庭日存一把米，帶動窮人幫助窮人，當地「米撲滿」會員已達一千六百多戶，每月合計捐出三千多公斤白米，可以救濟

五、六十戶人家，這股愛的力量真的很大，一把米的功德也很大。

「這就是懂得分享的智慧。他們是『貧中之富』的人，雖然生活還是拮据，但是心靈富有，安貧樂道。比起做大生意、投資股票，你們說誰比較快樂？」對這群學行銷、說投資的學生而言，這個問題顯然讓他們為難，但也值得他們思考。

其實也不太難思考，我問同學：「你們喜歡人家說你聰明還是有智慧？」大家當然希望自己被人稱讚「有智慧」。我肯定地說：「聰明的人不一定有智慧，但有智慧的人一定聰明。就像我們會說，有錢的人不一定快樂，但是快樂的人一定富足。」

「如果人生可以選擇，當然要做快樂的有錢人。老師祝福你們以後都有錢，但更希望你們學會用錢。」我請大家記得，分享的快樂比累積金錢的數字更有意思，「只要記得印地安人七顆蘋果變八顆的邏輯，給出去的，一定會換另一種形式還回來。」

如果真要以「投資」來詮釋，我認為，那就是「投資好緣」，「祝福大家，將來回收許多貴人，在不經意處，總會有很多好人、好緣來幫助你。」

啄木鳥老師

投資「好緣」，將來回收許多貴人，在不經意處，總會有很多好人、好緣來幫助你。

誰讓世界更美好

維持世界正義，都是領袖的責任？
年輕人的義務難道只是藉由抗議來提醒？

馬來西亞是一個多元種族的國家，從小在此出生、成長，我卻不覺得有文化適應問題。

適應，是人類與生俱來的生存能力——在一個地方久了，自然就知道該如何自我調整以融入環境，「尊重」也就成了在多元種族社會過好日子的基本態度。

馬來人過新年，會送糕點給華人鄰居；我們收到糕點後，也會在盤子裏盛滿白糖當作回禮。同樣地，華人過年時也會跟不同種族的朋友分享自製糕點，大家在節慶時相互拜訪，是再正常不過的事。

隨著科技發達，資訊流動串起世界，但也很容易讓人們的情緒被集結，有時因為種族、宗教問題，大家吵翻天，嚴重時還會引發內戰，或是造成恐怖攻擊。

每個人都有自己的立場，大家都以為自己是站在正義的這一邊。除了宗教、種族問題，年輕人要面對的議題更是包羅萬象：同婚／不同婚？核能／不核能？每一個團體對於「正義」這個名詞的判讀，都有各自的立場和標準，彼此價值觀不同、相互對立，各是其是，各非其非。

就算是同一文化的人也會有衝突，再加上政治的攪和，情況更是複雜。人們以前認知「尊重差異，日子就會好過」的理想，也離大家愈來愈遠。

那天，朋友參加聯合國氣候變遷會議歸來，分享會場周遭有年輕人在抗議各國領袖沒有投入足夠資源和精力抵抗氣候暖化。她曾在一個周邊會議中詢問年輕人：「與其等待領導人採取行動，為什麼不由年輕人一起參與行動？譬如研究顯示吃素最環保，年輕人可不可以一起吃素救地球？」

令人訝異的是，那位年輕人卻被她的言論激怒了，「你們自己要吃素，怎麼能夠剝屑我們吃肉的權力？」

朋友的分享也正是我的反省，現今教學要面對世代挑戰——年輕人的認知跟我們的世代已經不一樣了，過去我們追求安定、溫飽，現在他們追求平等、機會。

前哈佛校長德里克・博克（Derek Bok）在他的著作《大學教了沒？》也直接點出，大學教授傳授學生知識和技能，卻少有人願意討論有爭議的倫理議題。

現今大學生看似熱衷參與公共事務，但在道德推理、履行公民責任、迎接全球化社會和迎接多元化生活能力方面，卻少了足夠的思辨能力和合理判斷政治的能力。他們的「正義感」在尚未轉化成「責任感」之前，都是沒有方向的爆衝。

我在慈濟學校教書、負責人文教育，跟學生分享倫理價值也是責無旁貸。我也認為，培養學生在民主運作過程中，成為通情達理的積極參與者，能溝通表達、能傾聽不同聲音，在這個世代變得相形重要。

課堂上，我總是不厭其煩地向學生說明，「老師上課所說，代表的是老師個人的價值與觀點，若你有不同意見，歡迎表達，我們一起訓練成熟的價值交換與分享。就是有時候意見不同，也要抱著『就是我對，也不代表你錯』的態度交流。」

我舉例分享，「志工」和「義工」的差別：「志工是志願參與的志願工作者，義工則是義務參與的自願工作者。」

「義務」與「本分」的差別究竟何在？學生聽來還是覺得混亂。我再以證嚴法師的開示為他們分析：「若覺得這是我的義務，便會不計代價去做；如果換成這是我的本分來思考，也會不計代價地做——然而義務是應然，本分是必須。義務是形式的約束，本分卻是自然、內在的充實，其間的喜樂、個人覺知，自有不同。」

「每個大學生都有正義感，都希望世界更美好。但如果我們覺得維持正義的世界都是領袖的工作，年輕人的義務就只是提醒他們，這不就浪費了可以發揮良能的青春嗎？」

我建議大家，把想要改變世界的正義感轉變成本分事來承擔、當作責任去完成，「這才堪稱『國家的希望』、『社會的棟梁』！發自內心付出後，看到社會的改變、他人受助後的感恩，內心就會很充實。」

學生大多認同老師的說法，也承認若是把改變國家、社會的責任交給政治人物，最後得到的只是失望和抱怨的成分而已。我也以自己當老師的經驗分享，如果把教書當義務，那顯然地，我也會有不得不的無奈；但是，如果把教書當成本分，我對教育工作就會充滿使命感，真心付出的當下，也享受了很多當老師的快樂。

與年輕人分享正義與責任的差別，盼望他們找到人生的方向和行動的動力。

啄木鳥老師

把想要改變世界的正義感轉變成本分事來承擔，當作自我責任去完成，這才堪稱「國家的希望」、「社會的棟梁」。

領導人的影響力

為了把書教好，我用功學習相關科目知識，
更學習如何與學生溝通，幫助他們做有效的學習。

上課時，我習慣在同學反應冷淡或無反應時，冷不防地把人叫上臺，主要目的不只是把人叫醒；我發現，只要臺上說話的是同學，臺下的同儕也比較容易清醒。只是，這樣的專注力也僅維持在同學說的話有內容或跟他們有共鳴時。

有一天上課，整班同學幾乎陷入「空白狀態」，大家空洞的眼神似乎透露著他們睡眠不濟。我們談論的主題在領導的「影響力」，當時適逢臺灣舉行地方選舉，我請同學觀察各候選人的表達模式，有同學找藉口說：「老師，我不喜歡政治。不要談政治啦！」

「好，我們不選市長，選班長總可以吧？」我邀請三位來自不同國家的男女同學分別發表演講。甲說：「同學，如果我當班代，我會請功課好的同學幫助輔導功課不好的同學，讓大家 all pass！」

我反問他：「為什麼你的政見是功課好同學的責任呢？我功課好，幫了功課不好的同學，我可以得到什麼好處？」甲愣在那裏，說不出話來。

乙說：「同學，如果我當班代，我會幫大家一起順利畢業。」

「幫大家畢業這件事，你確定是你班代可以作為的？你用什麼方法幫大家畢業？你幫大家念書嗎？還是你賄賂老師？同學們，你們看到候選人是如何容易信口開河了吧？」我挑戰乙，希望他可以做更深入的思辨，但他也沒有什麼好說的。

透過這些學生不經思考的「競選口號」，大概可以看出媒體對年輕人的影響；分析他們所說的話，跟政治人物相差無幾：信口開河、猛開無法兌現的支票，但也看出年輕人學習的淺薄，一旦被老師挑戰就啞口無言。

丙說：「我會代表我們的班，向學校爭取班上最好的福利。」

「你為什麼一開始就假定學校沒有給予學生足夠的福利呢？為什麼要設定班代跟學校是站在對立面的呢？」經我這樣一問，丙也說不出話來了。

「同學，別人挑戰你，不代表你不對，你也可以反駁啊！這就是今天要談的『影響力』。你可以影響相信你的人，但真正的領導是可以影響本來跟你信念不一樣的人，讓他拋棄成見，支持你。」

徵得學生同意，我成為第四個候選人。「打從明天起，班上的掃地工作，我來！」這是我的「競選口號」。接著，我請同學們針對包括我在內的四個候選人，表決班代人選。不用說，當然就是幫同學掃地的候選人勝出。

「所以要作領導人，說話要『接地氣』，作一個可以對人有『實惠』的人。溝通，不只是說你要說的話，更要緊的是說對方能接受的話。領導，不只是帶領，還要有人肯追隨，才有『影響力』。你懂他的心意和需要，幫助他解決問題，才有追隨者、才會產生領導人。」

上臺的同學回饋：「因為沒有相關方面的知識，平時又少閱讀，造成站在臺上腦袋一片空白，也沒辦法表現出領導者風範。但我覺得老師備課很認真，也與同學達到互動的效果。」

沒錯，我常常認真準備教材，但我跟同學說：「你們常常讓我『備而不能用』，因為你們不是上課精神不濟，就是對我給的作業很會找理由和藉口。」但這就是教書的現實，不面對它，我還能怎樣呢？

我以自己的經驗勉勵學生，未來大家要進入職場，「作一個負責任的專業人士，工作環境再有挑戰，都沒有抱怨的權力，只有不斷地自我更新，才能夠做好現在、迎接未來，這也是領導者該有的心態。」

不管對學生影響有多少，至少這些年為了把書教好，我可是很用功地在學習，除了學習相關科目知識，更重要的是學習如何跟學生溝通，幫助他們做有效的學習。就在這樣的互動中，希望潛移默化，也能產生微妙影響力。

一位同學還做了反思：「我印象最深刻的，就是第一次在課堂上睡覺，被老師叫起來。到了大學，有些老師會讓你愛做什麼就做什麼，反正成績不及格就暑假見。但老師希望自己的學生能真正學到東西，所以對我們『愛之深，責之切』，希望能看到學生進步，我非常認同這樣的教學方式。」

明知道愛睡的孩子就是叫醒了，也沒有精神上課。但誠如他說的，你叫他，他在睡夢中，都感覺到你愛他、重視他；就是在這樣的認同中，學生也跟老師學習了專業的責任與態度，即便那堂課他睡著了，但被叫醒後的「醒覺」，對他也絕對是一種影響。哪一天，換他夢醒時，也會發憤圖強。

啄木鳥老師

真正的領導，是可以影響本來跟你信念不一樣的人；懂他的心意和需要，幫助他解決問題，讓他拋棄成見支持你。

活出真我

我一直鼓勵同學有話直說，但多數人卻不容易做到這點；
無法活出「真我」，就變成了「偽我」。

每次整隊，這孩子總是在隊伍的最後頭，如果不是匆匆忙忙地趕到，就是服儀不整地邊排隊邊梳理自己。我們到了澳洲，同學寄宿在不同家庭，她最後一個起床又睡晚了，跟她同車的人都一起遲到。

大家集合準備用餐時，她還披頭散髮，我叫大家先去用餐不必等她，讓她梳理好了再跟過來。同學主動要幫她綁辮子，被我制止，這同學還很有義氣地幫她解釋：「老師，是我叫她來到這裏再綁的。」

「但是，來到這裏之前要把自己整理好，本來就是她的本分事。」我可是透視這個人的責任和應該要做的事——一定是她遲了，同學怕行程被她拖累，才建議她先出門再綁頭髮。

餐桌上，我請大家先開動，等她綁好頭髮進來餐廳後，還是用她一貫自我、悠哉的姿態，慢慢享用早餐——吃飽的同學又要等她用餐了。如此繼續下去，每個行程都會被她耽擱，我看著實在有點不耐煩，但也服了她可以如此漠視別人在等她的事實。

「胡新新，你能不能快點？」

「老師，你為什麼要連名帶姓叫我？難道不能只叫我的名字嗎？」她可是比我還兇。

旁觀的大人都覺得她態度很不好，紛紛把眼睛看向我；大家可能心想，她這次麻煩大了，但我念在她還有起床氣，一大早不想有過多的衝突，於是我跟她說，「是。新新，那你可不可以快一點？」

「我最不喜歡人家連名帶姓叫我。」她還要重申一遍，也糾正我念她姓氏的發音，說我念錯了。我覺得好笑，平時只有我氣勢強過學生，這次真碰到對手了。

這時，旁邊一對志工夫妻剛好也連名帶姓互叫「張義川」、「周美麗」，我開玩笑說，「嘿！胡新新才說不要連名帶姓地叫人。噢！不！是新新說的。」大家笑了起來，只有她還憋住。

「其實，有時候連名帶姓稱呼，也是因為很熟、很親，才這樣叫。」我試圖跟她說。

「可是，以前老師罵我的時候，都是連名帶姓喊我的，所以我不喜歡。」原來她有這一段經歷，也難怪了。

有了這分了解，我於是耐著性子對還在用早餐的她說：「新新，明天你可以不要最後一個起床嗎？我要求你做『第五個』起床的，合理吧？」

她竟然點頭。我乘勢說：「那來到這裏用早餐前，先把頭髮綁好可以嗎？」她也點點頭。

我知道她如果答應了，一定做得到，果然事後證明如此。隔天，同學說：「老師，她不是第五個起床，是第三個。」她聽了在一旁偷笑，之後就少有遲到現象。

我一直鼓勵同學有話直說，但許多人都不容易做到這點；所謂「社會化」的結果，許多人無法活出「真我」，都變成了「偽我」。

「真我」其實是允許自己有情緒，但也能有效地向對方敞開自己的感覺、感受；相反地，「偽我」努力成為別人心目中的好人，卻又不是一個愉快的自己。所以，新新的所有表現和表達是很真實的自己，我們只要能夠悅納她，她也會聽懂別人對她的善意建言。

就在行程快要結束時，我們在澳洲布里斯本志工家有一個圓緣分享，輪到新新時，她說：「我一直覺得自己其實是很優秀的，像千里馬，主任就是我的伯樂！」

下臺後，她問我：「老師，我是第一個說你是伯樂的人嗎？」她想要我認證她的特別。我想了一下說：「好像是！」

「真的？」她既驚訝又有點開心。

「因為沒有人會說自己是千里馬，只有你！」我笑她的自視甚高。

「老師，其實我還有話說，只是一時不知道怎麼說。」

「想不到怎麼說，就改天再說。」

「但我怕回去以後，我們不會像現在這樣親了。」

「那你說啊！」

「我就是不知道怎麼說。」她扭扭捏捏，我也沒等她找到她要用的語言，只管跟她說：「我要睡了，明天再說。」

直到回來臺灣才跟我說：「老師，我超愛你的，我對爸媽都沒有這樣表達過。」

從大人的眼光來看，這個孩子的身上充滿叛逆細胞；如果說，我可以逆轉她的訣竅在哪裏，我想應該就是「真誠」兩個字吧！

我常說：「大人用眼睛分別，小孩可是用嗅覺來感受大人對他的愛。」

大人如果對他有氣，他就感受不到愛；大人如果可以控制得住脾氣，就是再嚴厲，孩子也知道愛在哪裏！

啄木鳥老師

「真我」允許自己有情緒，也能真誠地向人敞開內心感受；「偽我」努力成為別人心目中的好人，卻成就一個不愉快的自己。

啄木鳥老師

我肯定同學願意改變自己的那一念心，
感恩有因緣接觸，也見證了孩子的無限可能。

「啄木鳥老師」其實是學生給我取的外號。那年他們才初進大學，還帶著些許中學生的稚氣和習氣，我沒有給他們太多緩衝期，常挑戰大家，直指個人的問題根本；學生覺得老師是幫他們除身上的「害蟲」，讓他們身心健康，所以「啄木鳥老師」的外號就這樣不脛而走。

這班同學可愛的地方是他們會輪流請老師針對他們的個性給予指導。像小芊，我跟她說，「你個性很好，努力讓人快樂，但是你對自己不好。」她的朋友聽了猛拍手點頭叫好，「老師說對了！」我接著跟她說：「小丑的人生有時候是一齣悲劇，因為很努力讓人快樂卻無法善待自己的結果，就是讓自己陷入更長時間的憂鬱。你要告訴自己，有時候我沒那麼好也沒關係。」

熱心的小芊，經常深怕別人不高興，這樣苦苦為人著想，容易因周圍環境而影響自己的心情。小芊也承認自己就是這樣的人，她問我要怎樣讓自己快樂，「是不要管別人嗎？」

我當然希望可以護著小芊的熱誠，所以跟她說：「要管別人也不要管別人。」我舉自己的例子告訴她，有志工說：「主任，你明天一定要來參加我們的圓緣！」我問他為什麼？他回答：「因為你是主任！」我跟志工說：「那我就不去了！」志工覺得很疑惑，我跟他說：「因為我是怎樣的主任，我自己決定。」

不一會兒，另一個志工又來說：「主任，你明天一定要來參加我們的圓緣！」我也同樣問她為什麼？她回答：「因為你來了我們會很高興！」我立即答應她：「好，明天我來。」

前一位志工很不服氣：「為什麼她請你，你就來？我請你，你卻不來！」兩者一樣要我去參加活動，前者以「你是主任」要求我，我希望可以作自己的主人，不必管人家怎麼說、怎麼做；但後者說的是她的感受，我聆聽她的感受，如果我去了可以讓人高興，何樂不為？

「所以，『要管別人也不要管別人』說的就是，可以在意別人的感受，那是慈悲的展現，卻不要在意別人怎麼看你，那是智慧的提升。」我進一步分享，人我之間，該在意什麼？又該不在意什麼？「在意別人的想法跟感受，讓別人的想法有出路可走，是一種慈悲跟智慧的表現；至於別人怎麼看你，是他的事而不是你的事。」

作為師長，我有必要善護著十七、八歲女孩善良、純真的心，讓她未來的人生可以快樂地發揮著她的善心。因此我鼓勵小芊繼續愛人、繼續給人快樂，但一定要允許自己作自己生命的主人，不要擔心做自己該做的事，別人不高興了怎麼辦？

她的同學看我給了這個引導，也躍躍欲試，「老師，換我！幫我抓蟲！」

「你啊？」我看著她，還為了好玩故弄玄虛，「你就是你！你不是你姊姊的妹妹！」

「啊？」換她跟全班同學目瞪口呆。我順勢補充說明：「你就是愛跟姊姊比較！但你就是你，不必跟姊姊比優秀。」

看到這同學愣了一下，我心裏明白，又好像猜對了。我跟她說：「其實在跟姊姊比較的時候，你連自己要什麼都不知道。不信你試試看，跟班上同學說說你現在想要什麼？」

看到她試著開口，卻難以啟齒，我鼓勵她嘗試說說看。她的聲音很小，坐遠一點的同學都說聽不到。「你看，你要什麼都不敢大聲說，你覺得你要得到嗎？」我讓她到教室外複習五分鐘再進來講給同學聽。

她回來後，大聲說：「我不是我姊姊的妹妹而已，我是ＸＸＸ，我要有錢，我要有我自己的房子！我要瘦！」同學們都拍手大笑，笑聲裏充滿歡樂和祝福。

這時我才說：「不管是羨慕或不服氣姊姊的優秀，都不會讓你變優秀；姊姊優秀是她的本事，你也可以用你自己的方式優秀。只有往內去看自己，才能改變自己。」

「你要有錢，一定可以有錢，只是有錢的方法很多，用對的方式賺錢才會快樂。當然，想要瘦也要有行動力，要調整生活作息，想像自己瘦了的樣子也可以是動力之一。」我告訴她，相信自己做得到，是必然的先決條件，「這就是為何老師教你不要把焦點放在姊姊身上，而是放在自己身上。」

過了幾個月，我收到一張沒有署名的教師節卡片，我知道一定是她，因為她畫了一個美少女，旁邊還標註：「老師，我有瘦喔！」

那天，我終於遇見她了，「你果然瘦了！」我不由得讚歎，她則笑說：「六公斤而已！」

「也太厲害了吧！」我肯定同學願意改變自己的那一念心，也感恩有因緣跟這群學生接觸，她讓我見證了孩子的無限可能。

其實，我這「啄木鳥老師」捉蟲的功夫不一定每次都到位，但這些孩子以單純心領受老師的誠意教導，看到他們一天天健康茁壯，教育工作，斯有何不樂？

—啄木鳥老師—

在意別人的感受，是慈悲的展現；不在意別人怎麼看你，是智慧的提升。

獨生子女的教養

我一點都不同情這位母親，也坦白告訴她：
「不要凡事由著孩子，該忍住不給的就要堅持。」

學生家長來找我，要幫孩子請假帶她去玩。我跟家長說：「孩子都大學了，要不要請假是她的事。你還來幫她請假？那可是小學生家長才會做的事啊！」

母親看到老師不盡情分的樣子，變得有點不自在。我繼續說：「今天我觀察到你的孩子不太有紀律，你的放縱，要負一部分責任。」

母親委屈地說：「不是我不教她，是她都不聽我的。她什麼都不跟我講，考試也不跟我講……」

「考試是她大學生的事，為什麼要跟你說？她跟你說要考試，你也不能幫她考，不是嗎？」我可是一點都不同情這位母親，同時也勸勉她，不要只看重孩子的考試成績。孩子聰明得很，考試一點都沒有問題，「你該面對的是她的教養問題，還有個性問題。」我很坦白地說。

母親靜默了一下，我接著幫她分析孩子的個性，「教導她的方式，是要給她一點空間，但也要對她有所堅持。」據我觀察，這母親只有一個小孩，她愈想要參與孩子的生活，孩子就愈抗拒，所以我才會建議她，要給孩子一點私人空間，讓她變大人。

相對地，這孩子聰明，幾次試探母親底線後，就知道只要任性一點，母親就對她沒輒；這也是為什麼我請母親在對她的教養上，不能沒有堅持。

我猜這次她會來幫孩子請假，一定是從孩子那兒知道找我請假不容易。我於是倒過來跟她說，「我之所以對你的孩子嚴格，就是要讓她知道，不是每個長輩都像母親一樣會順著她的。我要幫你調教，讓她明白責任和義務，讓她不要那樣隨心所欲；如果你執意要帶她去玩，那她的集訓勢必不能完成，暑假就不能跟大家一起出門了。」

知道我言出必行，母親紅了眼眶說，她不是這個意思，「我對孩子真的沒辦法。」她的孩子正巧進來辦公室，我轉身問她：「怎樣？你要跟媽媽出去玩啊？」

孩子高興地說：「老師，你答應了啊？」我反問她：「你還記得出國前的集訓，是什麼時候開始的嗎？」

「不知道！」她聽懂我沒有同意她的假，悻悻然地回答。

「連集訓時間都不知道？你還想要出國？」

「我再問室友就知道了。」

「為什麼要問室友？」

「因為室友也會參加集訓啊！」她回答得理直氣壯。

「那你什麼時候要問她？」集訓是在星期六，那天已經是星期四了。

「星期五。」她有問必答，但所有答案都讓人更生氣。

「為什麼不是星期四？」我吸了口氣挑戰她。

「為什麼不能星期五？」她反問。

在一問一答間，我竟然對這孩子產生不一樣的理解，「來，我跟你說，你現在的樣子真的很有趣。」我忍不住笑了，卻認真對她說：「只有了解你的我，會覺得你很有趣。你愛頂嘴、你不思改過，別人看你這樣，是會討厭你的！」

我邊說她，也邊跟母親解釋，「這就是你的女兒，她總在自己的認知中，好辯。」但我態度輕鬆，也是示範給母親看，如何接受孩子在前，教導她在後。

我繼續跟女孩對話：「你不覺得出國是你的事嗎？許多事情不都要提早準備？不能依賴室友叫你起床才準備。」就是這分依賴別人的態度，才讓她經常遲到。

我跟她說：「團隊在外，只要有一個人遲到，不管是三、五分鐘，都有可能讓整個團隊搭不上飛機。」

「我從來沒有趕不上飛機。」就是這「自以為是」跟「自以為沒事」，讓她在修正自己的習氣上變得困難，也讓她跟同學的互動不是很愉快。

「我祝福你一切順利，你還是去問宛真姊姊集訓的時間吧！」我打發她離開之後，轉向失落的母親說：「這女兒用罵的沒效。要跟她分析，要一步一步來。雖然很吃力，但要很有耐心。我現在正在幫你，你要幫我，不要凡事由她，該忍住不給她的就要堅持，這孩子還不至於不知好壞。」

母親同意了我的觀察，但是對於自己母愛的拿捏看來還在調適中，但她真誠地跟我說：「老師，我就把孩子交給你幫忙教導了。」看著這無助的母親，我接下了「神聖」的任務。

孩子後來沒有請假，順利完成集訓也跟著團隊出國了。旅途中，偶爾發生一些鬧情緒的情況，但是整體來說也看到她顯著的進步，尤其不再那麼自我，對團隊也更有概念。

行程結束在機場等待提領行李時，她有點害羞地問我說：「老師，我可以請你喝一杯咖啡嗎？」雖然已近黃昏，以我喝咖啡時間來說是晚了，但我還是接受了這孩子的友善。

我們一起提領行李，走出海關，來接機的是她的父親。「噢？媽媽沒來？」我其實還真期盼看到她的母親。爸爸說，母親有事，不能一起來。我覺得那樣很好，至少母親不是一切以她為中心，可以忙自己的事去了。

我們一起喝咖啡時，這孩子終於將自己整理了一天的話，開口說了出來：「老師，當你發現更好的我的時候，我也發現了更好的你！」她說，我在觀察她的時候，她也在觀察我，發現我不論跟誰在一起，都很自在。

我跟她說，「記得回去跟媽媽說，老師很高興看到你的改變。」想到我曾經跟她媽媽有一段不客氣的對話，我雖然沒有歉意，但有很多理解，知道碰到這樣的孩子，母親很難為，有機會易子而教，幫助她改變孩子的許多觀念，也是好事一樁。

離開之前，我給孩子一個溫暖的擁抱，「暑假還剩幾天，好好跟家人一起，開學後我們再聊。」

啄木鳥老師

「自以為是」跟「自以為沒事」，會讓人看不清楚自己，難以修正習氣。

對人太無感

教導隨性、散漫的孩子，任誰很快都會變成嘮叨大媽，
必須耐著性子教，還得讓他不嫌惡……

「你坐有坐姿嗎？」一經提點，他移動了屁股調整坐姿；可不出半小時又故態復萌了，必須一而再、再而三地叮嚀。

還有他吃東西的習慣也很不好，只要是自己喜歡吃的，才不管別人吃了沒。有一次在自助餐會上，我問他：「為什麼一次拿那麼多的串燒？」他說：「因為我只想走一遍，所以一次拿足夠，我不會拿第二遍的。」

「我是要你看看，你手中拿了多少的量？我們團隊有幾人？你覺得應該拿多少最恰當？」他這才乖乖放回兩串串燒。

看他的穿著，我忍不住問他：「你的衣服為什麼皺皺的？」

「我沒有熨。」他永遠都在回答問題，卻沒有解決問題，因此必須得耐著性子再把問題重組一次問他：「我的意思是，你為什麼不熨一下衣服？」

「喔！」他才認真對待你的提醒。

對他來說，穿著皺皺的衣服有什麼問題呢？你說他故意嗎？絕對不是，純粹是隨性。他把許多事情都視為理所當然，也沒有察覺自己有問題。倒是提出問題的人，在他看來都是找他麻煩的人。

好幾次，他跟提醒他的大人、同學吵過架，覺得別人好管閒事；我這老師幫他解圍幾次，幫忙多了，他至少不敢對我無禮。

這樣隨性、散漫的孩子，真要教導他，任誰很快都會變成嘮叨的大媽。因為你得從他的生活習慣一步一步教；每看到一次就教他一次，還要分析事理讓他明白。當然，這還得他不嫌惡才行。

有一次，同學在搬運團隊的行李，唯獨他背著自己的背包，站在旁邊一動也不動。我大聲叫他：「為什麼不放下背包，去幫忙搬運行李？」他這才動了一下。

行李上車後，這次倒是他主動問我：「老師，像剛才這樣搬行李，不是我不要幫忙，說實在，我對於自己應該站在哪裏都沒有概念，我應該怎麼做？」

「你在團體裏吃東西都沒有這個問題，做事有這個問題，絕對不是概念問題，是態度問題。」我跟他多次交手，講話愈來愈直白。我舉例給他聽，「我請你幫忙拿水果盤讓同學吃點水果，你一手捧著盤子，一手把水果放進自己的嘴巴！你對自己太好，對別人卻太無感了。你心裏沒有想過，幫助別人也是你的事。」

「我說的對不對？」他也只好默認。我再順勢跟他分析幾個明顯的特質，「你愛吃懶做，只要是吃東西，你總是跑在前頭，挑你愛吃的。可是做事時，你都躲在後頭，人家沒叫你，你從不主動幫忙；人家說你，你又不高興。你的這些行為都不可愛，說穿了就是自私自利！」

他點點頭，都認了。「所以，如果你想要做事有概念，那就要先從幫助別人開始，多觀察別人怎樣做事；看到別人辛苦、需要幫忙，自然就能伸出援手。」

每次跟他講完話，我都會長吁一口氣。這樣的孩子多不多？老實說，不少，而且預期會更多，原因多出在家庭教育。

一開始，父母以為孩子還小，對孩子沒有要求；後來情況嚴重了，想要改變孩子時，已經改變不了了，束手無策的家長只好求助於老師。「老師，我說的他都不聽，拜託老師幫我教教他。」

這還算家長有禮，怕的是有些家長還嫌老師多管閒事。這樣的孩子，積習已久，如果沒有緣，老師也無法改變他什麼，因為父母跟他長久以來的日常互動，都在形塑他的「認知」——也就是他看世界的眼鏡。如果父母覺得他的行為都ＯＫ，他也就不覺得自己有問題了。

透過這個眼鏡看世界，只要是在家裏被允許的行為，他們會以為社會上的所有人都可以接受。當別人挑戰他的「認知」時，就會覺得是別人找他麻煩；孰不知他的缺乏「社會化」，才是對別人的無禮及真冒犯。

這孩子後來也坦承：「我媽媽雖然也會告訴我這些道理，但是主任卻讓我親身經歷困難後，分析給我聽，讓我明白道理。」

作為老師，遇到這樣的學生，認命之後還要有更積極的作為。或許有一天，他會完全改過來也說不定。

啄木鳥老師

親子間的日常互動，都在形塑孩子的「認知」——也就是看待世界的眼鏡。若沒有適時引導孩子，他們就不會覺得自己的行為有問題。

避免「破窗效應」

「隨便」、「不以為意」的態度，叫做僥倖；而護理工作的特質，是沒有條件心存僥倖的。

學校規定學生需穿制服上課。開學第三個星期，班上有兩位同學沒有穿制服，我請他們站到全班同學面前：「請問他們不穿制服是什麼心態？」見臺下一片寂靜，我又說：「同學，老師鼓勵大家說一說，不是責備，而是要大家討論，讓我們『同學』一同學習。」大家還是一片沈默，我感受到的是整個現場的怪異，大家都覺得這才相見不久的老師對同學太嚴格了，他們以為我是來找碴的。

「那我們請兩位同學說一說，為什麼你們沒有穿制服？」我轉過來詢問沒穿制服的同學，這時候，畫面比較貼近學生認知中「犯規的人」要自己解釋了。大家看來也很想聽聽同學的解釋。結果，一個同學說制服沒有乾，一個說起床後沒有想太多，穿了便服就來學校。

「這態度叫做『隨便』、『不以為意』，但更透視也叫作『僥倖』。就是存著僥倖的心，只要老師沒有處理我，就沒事。」我把話說得很嚴肅，其實心裏很輕鬆，暗地裏繼續觀察整班同學的動靜。

果然，我話一出，班級緊張氣氛又升高一級。我感覺到，接下來若沒有控制好局面，以後跟這班同學的關係一定難以維護。

看兩位同學臉色也不怎麼好，我請他們先回座，接著正式上課。我問大家：「說實在的，老師需要管理這件事嗎？它重要嗎？」看大家的表情，不用說，大家心裏一定在想，「是你小題大作，不然什麼事也沒有。」

「老師要跟大家說，我今天上課的對象是二技的同學，大家都是即將進入醫院的護理師；護理工作的特質，你們應該比我更清楚。那是一個沒有條件讓你心存僥倖，也由不得你隨便和對本分事『不以為意』的。」這時，我才把前面「演很大」的用意跟同學講開來。

我直視剛剛被叫出來的兩位同學，「你們同意嗎？」他們點點頭，不少同學也跟著點頭。

我接著又問：「那為什麼老師請你們評論同學的態度時，你們卻不敢說呢？」

「將來進入職場，會不會遇到需要相互提醒的情形？你們會不會礙於朋友的情誼，忘了我們的專業？」我希望同學理解，作彼此「善知識」的重要性。

「老師知道把兩位同學叫出來，一定嚇壞他們，但是對老師來說，這不過是一個即興的作業。就老師教育的專業，有必要再教大家一個『破窗效應』的理論。」

「我家對面有一戶空屋，開始的時候，小孩子踢球不小心把窗戶打破了。可是因為主人沒有住在那裏，所以沒有人去換掉破窗；過了一些時日，那間豪宅連門都沒了，裏面的設備很多都被破壞。這是一個真實故事，也就是破窗效應。」

「同學們，這就是老師為什麼在你們第一次沒有遵守規定的時候，必須要有所反應。才開學第三個星期而已，或許同學沒穿制服各有原因，但是我必須當一回事跟所有人說，這行為不值得鼓勵。因為人多有惰性，也很隨性，看別人可以隨便，自己也不會認真，這是不智的。就像破窗效應，後來一定會有愈來愈多人不遵守規定。」

在分享的過程中，我的語氣慢慢從訓導老師轉變成激勵講師：「你們也是護理界未來的『阿長』，有一天，將換你們領導新進的護理人員。你們也要有這樣的警惕，不要等到狀況發展到嚴重，才要開始採取行動，通常這個時候都太慢了。要記得，行政工作有時需要『小題大作』，才能避免後患。有人可能會測試你們的底線，如果沒有適時行動，對方就會得寸進尺。」

「各位親愛的同學，也許你們無意違規，但老師更怕的是你的僥倖心態。如果犯錯，僥倖沒有被抓到，很多時候將會成為人生的大不幸。犯錯有人即時提醒，你們都要心存感恩。」最後我還是針對兩位同學特別提醒，這時班上的氣氛慢慢變得正常了。

同學冠錡在期末分享：「起初真的不能理解，為何只是沒穿制服，就要叫同學上臺？又要我們評論他們的心態。一開始當然不敢多說什麼，畢竟都是同學。但經過老師解釋及教導後才了解，說出問題所在、相互探討、相互學習、一同進步很重要。」

「在我們這個年紀，同儕也是學習的來源之一，這不是在破壞感情，而是找出問題，相互解決，相互警惕。這學期學到很多新的想法和方法，不管是對思維還是態度上，都有更新的發展。」冠錡說。

他們都是二十一、二歲的大人了，即將踏出校門、進入職場，我是他們的老師，多麼盼望這些學生未來在護理路上能用心於病人身上，展現他們的專業能力和態度，作一個能解決問題的人，也要訓練自己的紀律，不要成為別人的問題。

啄木鳥老師

有人測試你的底線時，有時需要「小題大作」，才能避免後患；如果沒有行動，對方就會得寸進尺。

輯三｜機｜會｜教｜育

惹「麻煩」

大家都對他不滿，如果老師又「認證」他是麻煩人物，團隊勢必像帶著一顆炸彈般，隨時都會引爆情緒。

二技部護理系學生蔡欣蓉問我：「老師，您是怎麼看待我們這群親善大使的？」

「老師的工作就是教育，我對自己的期勉是：作一個老師。要作一個可以真正對學生『教而化之，育而成之』的好老師。」我進一步解釋：「在帶你們、教你們的時候，我要求自己盡心盡力；能夠看到你們改變，這個就是『教化』；至於育可否有成，則是你們的『造化』。如果你們有成就，老師隨喜、為你們高興；如果沒有，我也隨緣，勉勵自己，還有下一梯的學生需要我的關心。」

我跟欣蓉說，「沒有得失心，應該是我能夠十幾年來樂此不疲、做同樣一件事的原因吧！」

帶領親善大使這麼多年來，我的體悟是：「我訓練他們，他們也訓練了我。」過程中，碰到形形色色學生，各人有各種各樣的問題，師生們彼此碰撞，教育工作有困難是必然的。但我一點都不迴避，真心解決每一次的問題，透過一次又一次的問題解決，我的教育信仰更真切也更有方法。我的心得就是：「有困難，沒障礙。」

我很誠懇地跟欣蓉說：「我之所以喜歡自己工作，是因為我很認真付出所有，我的學生也以他們的成長來回報我，只是每個人的成長有他自己的速度。」

有些人的心智成長特別慢，師長們得要有耐心跟他磨。就如跟欣蓉同一梯次出門的，就有一個有趣的同學，若用世俗言詞形容他，很難不叫他「白目」。

一提到他，欣蓉也笑了。我說：「你看這位同學沿途帶給大家多少麻煩和拖累？但是因為大家的包容，甚至少部分同學對他的愛護，終究讓他覺悟，也發心立願要改過。」

那次行程結束時，他還寫下動人的心得：「我在這個團隊最想感謝的人就是主任。她不只一次次容忍我所犯的大小錯誤，甚至以這些事件當作教育我的契機。我很佩服主任臨危不亂和處事的那分真誠，我會慢慢改進自我缺點，成為一個有能力照顧別人的人。」

他對老師「臨危不亂」的形容，也算觀察入微。我若亂了，團隊怎麼辦？其實我的特質就是大家慌亂的時候，我特別淡定，因為我要負責處理問題；相反地，當大家都鬆懈時，我相對警覺，也常會提醒大家要戒慎虔誠。

這同學因為經常製造麻煩，所以理解我的「臨危不亂」。他一會兒掉了表演的道具、一會兒拉肚子、一會兒又誤觸警鈴等，因為他，整個團隊常被拖延時間，大家對他很不滿，如果再加上老師「認證」他是麻煩人物，團隊勢必像帶著一顆炸彈般，隨時都會引爆人們的情緒。

有一天，乘著大家閒坐在一起的空檔，我先起了個開場白，讓所有同學針對團員表達想法，譬如感恩、道歉，總之要說什麼都可以。結果，每個團員跟他之間都有故事，人人都想對他表達意見和看法，當天，他變成了焦點人物。

沒想到，那個心靈對話卻對他幫助很大，他很感激有機會聽聽別人告訴他，自己的問題和缺點。「這個對話，主任也介入其中，開導我們。說出內心話的那一剎那，我的心就像放下了一塊沈重的石頭般，十分輕鬆愉快。在知道自己的問題後，就會慢慢改進，也一起進步。」從他的回饋，可以想見他最初是完全沒有自覺的，直到同學反應才如夢初醒。

如果你生氣一個不知道自己犯錯的人，那不叫作「悶氣」嗎？所以不跟他計較，才能慢慢引導他對自己多一點覺知。我跟欣蓉說，這就是教育最甜美的回饋，「再過一年，換你步入醫院當護理師，在這個團隊學的都要用得出來。」

欣蓉說：「老師，我擔任社團幹部時，就覺得您教的都很好用！開始的時候，總覺得社員都不配合，我們緊張、在意的事，別人怎麼都能不當一回事呢？現在明白了要尊重不同的立場，也學會調整步伐了。」

這群同學結束海外巡演後，回到臺灣又立即展開一連四天的全臺巡演。有人問我，「四天連假那麼珍貴，學生為什麼肯犧牲自己的假期呢？」原因外人或許難以理解，只有一起經歷過的人才知道箇中滋味——旅途中發生的種種事，每個人都有各自的領悟，我們把最後的臺灣行定調為「圓緣之旅」，目的就是要把旅途中發生的所有事，轉化成為人生的智慧；要惜緣，更要圓滿彼此之間的好緣。

果然，每個成員在每一站都歡歡喜喜登場，也高高興興鞠躬下臺。最後一場戲謝幕時，他們彼此擁抱、流淚不捨，看在我這老師眼裏卻是如釋重負，輕鬆地放下。

當下我告訴自己：「這一段故事結束，我又要準備另一屆、另一團的出發了！」心安住於空，好像可以裝的就變多了！

啄木鳥老師

對一個不知道自己犯錯的人生氣，那叫作「生悶氣」；不跟他計較，用耐心教化，才能慢慢引導他產生覺知、改正缺點。

孔雀生病了

若只是為了要給觀眾交代，硬要並中的她上臺，
這樣不僅不人道，也忘了教育裏最重要的是「人」。

慈濟科技大學兒童劇團二〇一九年在海外演出兒童劇《慈悲的孔雀》，一趟東南亞行，十場戲，有近萬名觀眾共襄盛舉。

帶著海外巡演的榮譽歸來，同學乘連假也在臺灣巡迴演出；然而，出團前一天，女主角孔雀姊姊生病了，我叫她去看醫師，她的母親也從北部趕來花蓮看她。隔天聽說她身體比較好了，也隨隊到高雄演出，但母親還是不放心，同行陪伴她。

一到高雄，她又發燒了，志工載她們母女到醫院，快篩結果出爐，就是流行性感冒。演出在即，大家很是緊張，我馬上交代其他八位飾演孔雀

的學生，接下來四場戲要趕快調整舞蹈隊形，一起來分擔女主角婷婷的戲。

我打電話請婷婷好好休息，告訴她全部同學會幫忙承擔，也請她直接跟媽媽回臺北家休養。晚上十一點多，幾個焦慮的「孔雀」還在討論舞蹈要如何重編，婷婷的臺詞則由同學詩芹背熟；我猜，那個晚上，大家一定睡不安穩。

隔天早餐時，我請同學再問問婷婷的狀況；得知她已經退燒，昨晚跟媽媽一起住在高雄，我接過電話問婷婷：「那你還想參加演出嗎？」她回答說：「想！」

我請她先問問母親的意見，她很開心地說：「媽媽同意了！」我又想到，這是流行性感冒，讓她和同學一起上臺好嗎？她表示，醫師說只要戴上口罩就可以上臺。看來她早就想著如何帶病上場了。

其實，這也是我昨晚腦海中曾出現過的選項：如果她身體撐得住，應該可以戴著口罩上場。只是我必須交代，為什麼在眾多演員中，只有一個戴口罩的？

「既然婷婷是女主角，口罩上加一層紗布，不就像傳統公主戴面紗的造型嗎？孔雀姊姊變成孔雀公主也不錯。」我把婷婷決定參與演出的消息告訴大家，她們都很開心，那群焦慮的孔雀總算可以安心吃早餐了。

登臺彩排時，我請同學在舞蹈隊形上稍作調整，讓婷婷可以保住體力。慈濟志工也迅速完成面紗製作，最後，婷婷利用彩排時調整一些動作，順利參與演出。

散場時，沒有揭開面紗的孔雀，成為大小觀眾熱烈討論的話題，小朋友都好想看看孔雀姊姊的廬山真面目。聽到一位阿公告訴孫子，公主就是這樣的造型，這完全符合我們讓女主角戴面紗的意義——戴著口罩登臺的婷婷，並沒有帶給觀眾任何違和感，我們也把婷婷戴口罩當成衛教，教育小朋友感冒生病要戴口罩。

婷婷的母親第一次在現場看她演戲，很感動。婷婷剛生病時，她不太能諒解，覺得孩子沒有把自己照顧好；基於母親的心疼，曾想過不再讓女兒參加演出，但這次看老師處理的過程，最先是以孩子的健康為優先，之後在孩子身體恢復、想參與演出時，又可以做出彈性處理，讓她很感動。

我跟婷婷的母親說，教育裏最重要的是「人」。孩子生病了，若只是為了要給觀眾交代，硬要她上臺，這樣不僅不人道，也是自私的，所以前一晚同學們立即作調整，即便知道臨時代打不可能會比女主角親自上場來得好，但是基於一分同學愛，大家都願意分擔婷婷的角色。

婷婷病況稍癒、可以參與演出，大家真的鬆了一口氣。婷婷表示，生病之後她很自責，還因為老師讓她休息不能上場，而在醫院裏哭了起來；她的母親也說，看到婷婷獨自一人難過，雖然心疼卻也不能做什麼。

其實，我每自省：在教育場域裏，有多少時候，老師會被情境捆綁，或焦慮、或沮喪，又或生氣或無奈？如果我們能往內觀察，讓內心回到教育的最根本，跟著因緣、該怎麼做就怎麼做，老天爺常常會為我們安排更好的結果。

我最高興的是聽婷婷的母親說，本來擔心她的課業，明年不再讓她跳舞了，但這次孩子生病，她全程隨團陪伴，親眼看到整個團隊的和諧、年輕人進出的禮儀，讓她明白什麼是對孩子更重要的教育，她同意讓婷婷繼續跟著團隊學習。

我也順便跟媽媽分享，孩子的專長應該獲得栽培跟發展的機會，否則，時間如果用來補強本來就不強的項目，怕是差的補不來，強的退化了，孩子會更沒自信。相反地，一個人的專長獲得發揮，是人生中很幸福的事，讓人肯定自我，也會讓學習更有成效。

母親坦承自己的焦慮，時時擔心孩子，反而讓孩子的心不容易定下來。她還說：「主任不執著的態度，隨機應變的智慧，想辦法讓事情圓滿，好佩服、好感動。」我也把她的讚美收下，化為更大的教育動力，希望學生可以在父母的理解下，適才適性發揮自我長處。

啄木鳥老師

專長能獲得培養與發揮，是人生中很幸福的事，不僅有助自我肯定，
也讓學習更有成效。

頭痛是真是假

他加入團隊後經常投訴頭痛，
次數之多，讓人不免懷疑，頭痛是真是假？

勁彥是一個有趣的大男生，他學的是資訊，三、四年來幫忙我很多。每次有什麼文宣或是要出版繪本，只要一通電話給他，就要讓他忙上好幾個星期，但他都很樂意幫忙。同事笑說，遇到我，他完全變成一個不同的人，不然依他個性，沒有幾個人是他服氣的；我跟大家說，那是因為我們有一分「蛋緣」。

我們的相識，始於他大學一年級時。他上過我的課，知道我有法律背景，有一天怒氣沖沖來投訴，說舍爸對他們房間的內務不滿意，記他和室友申誡，他覺得不合理。

「為什麼不合理？」

「別人的房間比我們還亂，卻沒有被記過，為什麼獨記我們這一間？」

「你是說，別人酒駕更嚴重，為什麼沒有被抓；我只喝一點點酒，為什麼抓我？」我反問他，但也給了他答案，他無話可說。

「你還是自認倒楣比較快。」我調侃他，但沒有忘記老師身分，還是講了老套的勸勉：「把房間收拾好啦！才不用怕人家來檢查。」

看他脾氣大，還肯聽我的，我大膽建議他加入親善大使去磨練，也順便測試我到底可以「雕」他多少？沒想到他還真的加入了團隊，但經常投訴頭痛。

我幾次都在懷疑他的頭痛是真是假？但是當過律師，都有一種法律的直覺，如果因懷疑學生而讓他延誤治療或沒有得到治療，都是嚴重的法律責任。我也幾次跟學校的同事說：「老師千萬不要因為自己對孩子的偏見，付出無可彌補的代價。」

所以，勁彥每次說頭痛時，我都讓他休息。有一天，我實在忍不住問他：「你有頭痛病史嗎？要不要給醫師做詳細的檢查？」

他說，是經常性頭痛，吃藥就好。直到我們出國期間，有機會跟他聊天，他才說，其實他最不愛演戲，所以每次想到要演戲就頭痛，是真的頭痛。

「那你為什麼還跟著來？」

「因為想要出國看看。」

這「出國看看」還真是許多學生隨我出團的原因。也因為出國在外，我可以跟這群同學朝夕相處，更有因緣在過程中跟他們分享教育理念和人生道理。

雖然勁彥很怕演戲，但是他演得好，大家都說他實在不必害怕，也不必頭痛。沿途他一直在調整自己，後來我才知道，這小子還真的很有個性又好強，跟同學之間發生過很多事，但有一個特別善良的同學，成了他孤單時最好的聽眾，幫助他度過第一次出國的難關。

勁彥覺得這同學家境很苦，還能如此堅強；相較之下，他很好命，也應該要知福、惜福，不可以有那麼多的抱怨和自我。

最沒有想到的是，第二年他又想跟著團隊出門，但他只想做幕後工作，拜託我不要再給他演戲了，他可以負責音控。了解他上次頭痛的情形，還有念及我們的繪本電腦後製都是他幫忙的，我答應了他。

這次我們互動更多了，有一天同學來說，勁彥的嘴巴長滿了白點，吃不下飯。原來他很挑食，團隊全程吃素，他卻不吃菜。

「你那麼挑食，兩年來是怎麼在我的團隊裏活的啊？」我問他，同學們都大笑，開始你一言我一語，說起他挑食的各種毛病，以及沿途他到底是怎麼熬過來的？

原來，身在國外面對異國料理，他寧可以番茄醬配白飯；偏偏在新加坡沒有番茄醬，他吃不下飯，索性好幾餐沒吃，難怪火氣很大，扁桃腺都發炎了。

我實在很震撼，將近快兩個月時間我們全程吃素，他到底是怎麼撐過去的？

我趕忙拜託當地慈濟志工幫我煎兩顆蛋，但靜思堂不提供蛋，「那你家裏有蛋嗎？救命用的。」志工經我拜託，回家一口氣煎了三顆蛋。我叫勁彥來吃飯時，他眼睛為之一亮，還說要留一顆蛋給我，我說，「三顆都給你。」

那一餐他吃得開心又感恩。後來他在心得報告裏寫道：「老師讓我體會到了溫暖，並且提起了一分改變自己的動力！」那三顆蛋，給得太有價值了。

那頓飯吃完之後，我才找他講話，「今天是看你生病了，才有這樣的待遇喔！你要記得，天底下不是所有人都得順著你的意思過日子的。你要學著去適應環境，人家給什麼就吃什麼，還挑食！」

我為他分析，他的個性是驕縱多過適應問題。「你跟舍爸吵架，你媽就買棟房子讓你搬出去住。你是家裏寵慣了的獨子，對所有人都有意見，覺得人家不順你都是錯的，你跟同學之間的關係怎樣，你自己最清楚。」

他聽明白了，自己反省：「我不能再固執己見，讓大家為了我一個人而改變，我要試著融入團隊。如果一直不肯改變，將來出去社會，不會每個人都順著我的意思去做。在社會上，孤獨的人、不喜歡跟人合作的人，只會變得更加被邊緣化，更加不討人喜歡。」

可見他完全理解老師對他的「愛之深，教之切」，但讓他體會深刻的主要原因，還是來自那分同學愛。同學們包容他，他也喜歡同學、想要融入他們，才形成了他想要改變自己的動力。

我們師生間的「蛋緣」，一直到回國之後都持續著，有一天他跟另外一位同學請我吃飯，我提醒他：「我吃素的喔！」他說：「當然吃素啊！」去到餐廳，他果然可以吃素了，我開他玩笑：「不用給你煎蛋？」他也笑著回答：「不用啦，老師！」

他畢業後，只要我有事相求，打個電話他就過來相救。有學生如此，我感覺很幸福。

啄木鳥老師

老師千萬不要因為懷疑學生而產生偏見，要把握因緣跟他們分享教育理念和人生道理。

愛的堅持

有愛若不堅定，容易變成寵溺，孩子學不到明辨是非；
堅定卻沒有愛，會形成高控制，孩子只會變成盲從……

我常說，教育要把握時機點，錯過了就沒有畫面了。

說教、說理，學生如果感受不強烈，自然沒有效果；教育就是要讓學生有強烈的感受、感覺和感知，才會有教化他、改變他的契機。

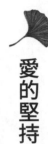

至於學生「被念」之後，還沒有處理完的情緒，當然不能忽略，但也不要刻意處理，要等到因緣具足時，適時地給予抒解。

舉一個例子，有一次我帶團巡演，團員在花蓮火車站準備搭車北上時，有些同學服儀不整，我隨即提醒：「把頭髮綁起來。」但還是有人慢吞吞地，我馬上下通牒：「頭髮綁好了再跟上來，甚至可以不要跟上來，直接去退票。」

幾位同學不是第一次表現出散漫、「為所欲為」的不合作了，於是我集合大家，慎重地在驗票口處跟他們說：「各位，我再重申一次，我們是一個團隊。團隊的美，美在每一個人的配合；所以，每一個人都重要。但是，沒有誰重要到不能被取代。」

我提高聲量，「現在，誰被罵了不服氣，不想跟著出門的，都可以退票。」我很認真地說：「就是誰不去了，我也可以上場演。劇本我寫的呢！」大家都曾聽過多年前我將小天使換掉的故事，我說到做到的態度，已是團隊的共知共識。

看大家低頭的低頭，看著我的看著我，我再說：「你們還沒有條件傲慢，等你有能力的時候，才表現出你的『我執』吧！今天你們還在學習階段，要謙卑一點；在團隊裏沒有團隊的概念，就是沒有責任感，團隊也不需要你。」

正向教育很重要的一點，就是教育者除了要有愛，更能展現堅定意志，從中協助孩子找到歸屬感和自我價值感，並與團隊產生連結。

有愛若不堅定，容易變成寵溺，孩子就學不到明辨是非，也不會是團隊中的好成員，跟人相處一定格格不入；但若只有堅定卻沒有愛，結果就會形成高控制，孩子只會變成盲目地服從或陽奉陰違，不會從中學到什麼。

我常笑說，一個團體裏，如果上級長官是糾察，下面的部屬一定是演員——只有在人前照規矩，演很大，背後又是另一副模樣。

所以，說完遊戲規則，還得讓學生明白規則背後的理由，這才是教育。我跟同學們說：「真有能力的人，是謙卑的，不會驕傲、自大、自我。」講這些話的時候，我很清楚自己就像「恨鐵不成鋼」的父母，情緒是沮喪多過生氣的。

心裏想的是，你們都花了這麼長時間投入，怎麼還沒有絲毫的改變跟成長？讓人覺得多可惜啊！於是，我告訴他們：「你們花時間完成了我想做的事，卻沒有幫助自己成長，那是於理不合的啊！」同學們都低著頭，當然最後沒有人退票，我也不用找誰代替誰上場。

那趟北上車程，我們師生三十多人各自上了不同車廂，我不知道學生心裏有什麼想法，我自己卻做了反思：「都還是年輕人嘛！」這樣想，一方面原諒了孩子，一方面也鼓勵自己，沒多久我就睡著了。

一小時後車子到了宜蘭，我也睡醒了，情緒得到轉圜。到了演出地點，學生準備彩排前，我跟大家說：「既然沒有人退票，我們全團都到齊了，大家要珍惜這最後一場的演出。」

「同學們要記得，雖然這是你的最後一場戲，但是對每一個觀眾來說，都是他們的第一場。一定要將最好的表現出來，不要讓自己遺憾。」話講完後，同學們便展開他們每次演出前的完整彩排，儘管這已經是他們的第十六場戲了！

我跟同學分享什麼是「專業」態度，那是一種敬業精神，也是對自己負責、對別人負責的態度。「戲」就是戲而已，下臺了，戲也就沒得唱了；但是對我來說，透過戲劇涵養能力，才是學生花那麼長時間投入後，必須給自己的回饋和收穫。我不希望曲終人散時，他們什麼也沒有得到。

現場，志工也為同學準備了豐盛的茶點，彩排完畢，我請他們趕快用點心：「你們也看到，老師早上是沮喪的，但老師沒有生氣，吃完早餐後，我更沒事了。你們要爭氣，不要生悶氣，要在臺上演出最好的自己。」我真心地自我觀照，也跟同學真誠表達情緒，希望引導大家面對情境的轉變，要學會積極的轉換情緒。

出場音樂響起，戲正式開演，每一個人都認真投入。雖然那一場戲的觀眾不是最多的，但臺上臺下互動熱鬧，同學們事後紛紛表示，那是他們最滿意的一場戲。散場時，大家快樂地義賣兒童劇ＤＶＤ和繪本，為觀眾簽書時，看到一張張幸福、喜悅的臉，我也備感幸福。

後來，同學陸續來找我為他們的作品簽名時，我還針對每一位同學的特質，給了他們一人一句好話，內心充滿祝福和感恩。

演出結束後，就在大家用午餐時，志工送禮物來要跟團員結緣，我請幹部陳皆吟同學出來代領，「因為她是幹部，被老師念最多！凡老師要罵你們的，因為她常出現在我面前，都就近由她承擔了！」同學們掌聲如雷，夾雜著快樂的笑聲，皆吟則羞澀上臺接受禮物和同學的感激；作為幹部，所有這陣子承受的委屈也都得到了紓解和釋放。

有志工問我：「老師，你對學生訓話時，通常旁邊也會有其他人，要怎樣讓學生不會覺得沒面子呢？你是如何讓學生信服的？」

對於學生，我每一回都給予當場又當面的教育，但我對孩子有信心，也不擔心他們面子的問題，關鍵在於我們對孩子的愛要夠真切，周圍的氛圍就不會讓他們覺得沒有面子。

孩子們在人群中學習面對自我行為的後果，也享受為眾人付出後甜美的榮譽果實。如是因，如是果，那樣的真確。

就像一位同學說：「我們喜歡老師，因為她罵人很真實，稱讚人也很真誠。」至於他們信服嗎？後來幾個在火車站被念的孩子給我的回饋，覺得自己「應該更謙卑、更縮小自己」，我想他們多少都學了點東西吧？

啄木鳥老師

教育工作者對學生的愛要真切，並展現堅定意志，協助孩子在人群中學習面對自我行為的後果，也享受為眾人付出後甜美的榮譽果實。

本末倒置

老師可以善解學生，但絕不能含糊其事。
如果為了讓學生高興，一味地打高分，將會有什麼後果？

學期末作課程回饋時，有一位學生提到，自己期中考成績低落，對老師有點意見，但在參考過其他高分同學的考卷、了解老師打分數的風格後，對老師就沒有那麼排斥。

我笑她，考試考不好，都不檢討自己為什麼考差了，反而想盡辦法了解老師的評分方式，這是本末倒置的做法。「與其花時間了解老師，不如花時間了解自己，尤其是了解上課學了什麼。」

我跟他們講了一則有趣故事，讓大家了解，如果老師為了讓同學高興，一味地打高分，將會有什麼後果——

從前有一位非常愚鈍的梵志，他的同伴都很排斥他，覺得他很笨，怎麼教都教不來，於是就找一位阿闍黎（意即教授）幫忙。阿闍黎不捨梵志的魯鈍，覺得更應該要好好教育他；既然其他人都排斥他，不如將他留下當侍者，讓他跟在身邊工作，整理內外、侍奉起居貼身教育。

有一天，阿闍黎去赴宴，回來時有點醉意，躺下來時感覺床有點低，就交代梵志：「你把我的床腳墊高一些。」梵志侍者趕快拿東西去墊，墊好三個床腳，卻找不到其他東西可以墊最後一個床腳；此時又看阿闍黎累得睡著了，也不敢驚動他，就用自己的腳去墊在第四個床腳下，然後坐在那裏等到天亮。

阿闍黎醒來時看見梵志，感到好奇；聽完梵志說明原委，阿闍黎搖搖頭，覺得這侍者真的很憨直，卻深受他的舉動所感動：「我要怎樣教他，才能把他愚鈍的無明給掃除呢？」

阿闍黎想到一個辦法，就是讓梵志外出工作，每天回來報告他所看到的事情，再用這些生活見聞去教育他。剛開始，阿闍黎要梵志去撿柴，途中他看到一條蛇，回來跟報告。阿闍黎問他：「你能否譬喻蛇像什麼？」

梵志想一想說：「蛇就像鏟的柄。」

阿闍黎很高興：「沒錯，蛇就像鏟的柄。」

又有一天，梵志出去工作後回來報告：「我今天看到大象。」

「你如何譬喻？」

「象就像鏟的柄。」

阿闍黎儘量想像，或許這也是適合的譬喻，鏟的柄有點像象腳，也有點像象牙，也許他是在打禪意！

再有一天，梵志回來報告，說他在途中吃了捲餅。阿闍黎問他，如何為捲餅作譬喻？他還是答：「和鏟柄一樣！」

阿闍黎自己又試著善解地想：捲起來的捲餅跟鏟柄還真的有點像，且就通融一下好了！

又一天，梵志出外回來說他吃了乳酪，阿闍黎還是要求他作個譬喻，答案又是「像鏟的柄。」阿闍黎很無奈：「怎麼每一樣都說是鏟的柄呢？」「第一次我說蛇像鏟的柄，你不是很歡喜嗎？我希望每一個譬喻都能讓你歡喜。」梵志很訝異：「我的回答不對嗎？」

說到這裏，我跟同學說，「你如果只在乎什麼是老師高興、不高興的，卻沒有了解課程內容，那不就像故事中的梵志一樣嗎？」

這個故事讓我有很深的反省：老師固然可以對學生善解，但絕不能含糊其事。學生理解事情總有他的限制，老師的表達一旦讓他會錯意，就會讓他一錯再錯。

我的風格一直都是跟學生講話直接在前，對他們善解在後；因為直接，我們有多次可以釐清彼此想法的機會。

有一次，學生被另一位老師叫來見我，希望我可以依外國人的經驗跟他談談。我希望學生先敘說自己所犯的毛病，但他卻反過來問我：「老師，你真的能幫我？」

「我儘量！」

「那我想問你，如果最近一直很倒楣要怎麼辦？」

他的問題讓我驚訝，我反過來問他：「你是說，你最近犯錯都被抓，很倒楣？」他不說話。

「那你說，你有沒有犯錯？」我希望他能自己承認犯錯，而不是光憑他人指責就要我教他改過。

「我不覺得我犯錯。」他敘說了自己的認知。我從法律觀點、道德觀點逐步幫他釐清：未經許可，不可以拿別人的東西；犯錯的動機如果沒有惡意，侵占只能幫他「減過」，不會變成「無過」。

後來在善意引導下，他總算承認自己的不對。我跟他說：「你最近不是倒楣，是很幸運，在一開始觀念不正確、犯錯的時候就被發現、被糾正、被引導。一個人犯小錯沒有被發現，將來鑄成大錯，才是人生的大不幸，那時才倒楣。」

學校不是法庭，老師不是法官，所有的懲罰只是教育手段，更好的方法就是引導學生認識「觀念是因，行為會有結果」，只有觀念正確，人生觀不偏頗，人生這條路上才不會行差踏錯。

啄木鳥老師

犯小錯就被發現、被糾正、被引導，是很幸運的！小錯沒有被發現，將來鑄成大錯，這才是人生的大不幸。

一杯蜂蜜檸檬茶

她的「敏感神經」經常在不對的情境下發作，
偏偏又有一條神經特別不敏感，障礙了她的人際關係……

帶領兒童劇團的學生到國外演出，早餐就在住宿的飯店解決。有一天早上，我泡好一杯蜂蜜檸檬茶，轉身交代同學：「老師上樓拿個杯子來裝。」但當我再次下樓時，那杯飲料卻已經被服務生收走了。

「我的蜂蜜檸檬茶呢？老師不是請你幫忙看著嗎？」我問小筱。沒想到她竟生氣地回答：「我也要上樓整理我自己的東西啊！」「可是你答應幫我看著的。」我請她回憶之前的片段，她卻不以為然，板著一張臉。

為了引導大家思考這件事有沒有更好的解決方法，我轉頭詢問所有團員：「如果是你，可以怎樣處理？」馬上有同學回答，可以交代一下侍者，飯店通常不會收走。

「真的嗎？」小筱不甚相信。同學告訴她，他們也曾有過類似的經驗。

看到小筱沒那麼生氣了，我跟她說：「老師要教你的是做事的態度。」

「當人家詢問你的時候，你總是先想著把責任推開；人家還沒究責，你就先說不是你的事。」我告訴小筱，答應別人的事情沒有做好，態度還那麼強硬，以後一定會吃苦頭。

類似的行為在那趟旅途中發生了好幾次，有一次團隊安排一個彈性行程，領隊宣布：「要出門逛的同學，八點集合一起出發；不出門的可以在飯店休息，之後再一起去機場準備離境。」

八點多，我在樓下喝咖啡時看到小筱，順口問她：「你怎麼沒有跟大家一起出門啊？」她又發起無謂的脾氣，「我也想出去逛啊！可是大家都不等我！」說完就哭了。

原來，她因為整理行李慢了，無法跟同伴同行，感覺很沮喪。平時看不出是個情緒化的人，這次同行，眼見她幾次的行為模式，只要遇到不順心事，她就會心浮氣躁，反應也特別激烈；我能理解同伴在挑室友的時候，為什麼總會略過她。

我告訴她：「你就是自己安排自己這件事，一直都沒有做得很好。單就整理行李，沒有人像你一樣，已經用最大的行李箱了，還要用最大的手提行李包。」

我希望藉機會教育，點破她個性上的問題。「老師剛才不過關心你，『怎麼不跟大家一起出門？』你就對我發脾氣。你不覺得發錯脾氣嗎？又不是我不讓你出門的，不要把人家關心你的話，都當成是在責問你。」

其實，小筱是一個心地善良、個性單純的年輕人，只是有一條敏感神經常在不對的情境發作，還有一條神經又偏偏不敏感，讓她的人際關係多有障礙。

就在她冷靜下來、表現溫和時，我故意來一個搞笑情境模仿，把她演得活靈活現，她看了也忍不住笑出來。「你現在才知道，你就是這個樣子！你自己都覺得好笑吧？」她點點頭，覺得老師的話有道理。

在團體中經歷多次磨練後，小筱成長許多，她在與學弟、學妹分享時，經常分享「蜂蜜檸檬茶」的故事，跟大家互勉要「做中學」。

她還說：「我發現，現在的我比以前更有笑容，也更容易打開心房、更願意和其他人互動。過去，我容易想太多，但老師教會我要多聽、多看，才能從不同角度看事情。老師，我會在這大團體裏待到我大學畢業！」

「歡迎你！」我對她真心敞開懷抱，也抱著祝福的心，期待她不僅「做中學」，更要在「做中覺」。

啄木鳥老師

遇到事情時，不要急著把責任推開，也不要將他人的關心當成責問。

情緒療癒OK繃

女孩剛進辦公室時，氣焰很大，像是要來討債似的。

我建議她，用「情緒療癒OK繃」去處理自己內心的傷口。

學生來到辦公室尋求協助，聽她講述求助的內容，聲調有點惱怒，我問她：「你脾氣不好？」她愣了一下，點頭承認。

我笑著跟她說：「美麗又脾氣不好，會讓你遇到很多麻煩喔！」她承認，已經遇過不少麻煩。

「長相美麗，容易吸引人靠近你，但脾氣不好，又讓人想要離開你。」她完全接受老師的分析。看她態度緩和，我才跟她說：「尋求別人的幫忙，態度要謙柔，如果你有受害者心態，這只會讓你覺得全世界都虧欠自己。但很顯然你知道，沒有人欠你。」

女孩剛來時氣焰很大，像是要來討債似的。我告訴她：「放大你的苦難，只會讓你和悲傷形影不離；放大你的憤怒，只會讓你心中的火愈燒愈旺。」一見她較為耐心地聽我說話，我告訴她，受害者心態會消耗她的理智，總是處處得不到滿足，也會讓關心她的人，因為她的情緒而彼此關係緊張。

這些她都完全承認。於是，我建議她用「情緒療癒ＯＫ繃」，去處理自己內心的傷口。

「任誰知道你的需要，都會想要幫助你，但不是因為他欠你，所以才幫忙；面對他人的協助，你該有的心態是感恩，這才是更健康的。」相信過去沒有人跟她這樣說過，所以她一聽馬上改變了語氣。

我有時候也喜歡分析，這「受害者」心態是怎麼來的？我發現，還是大環境使然。臺灣過去在面對天災或大型人禍時，愛心很快就湧入，但貪心加上媒體推波助瀾，總會讓少數受災民眾自認是「受害者」，因而提出不合理的「賠償」要求，這非但沒有助長社會善良風氣，恐怕還會打擊人們付出的善心。因此，每當發現學生講話語氣不對、心態不對時，我不得不當面提醒他們。

就像負責面試申請慈濟獎助金、畢業後得在慈濟醫院上班的學生時，一開始，我會問學生，是否了解自己的權利與義務？學生大多事先有所準備，也不難回答問題。但當問到關鍵的履約義務，同學大多以「還約」、「綁約」來說。

我告訴他們，「還」是因為有欠，「綁」就失去自由。若將來以這樣的心態履約，勢必覺得很不情願。相反地，若能理解這是集眾人愛心提供你就學的幫助，用感恩心、回饋心來履約，應該更能讓人產生榮譽感、使命感。

面試結束前，我會一一地跟學生說：「心態決定了一個人的高度。若能以感恩心服務奉獻，將來就是在慈濟醫院，也不是服務慈濟，而是服務自己的病人，這才是專業的認知。將來老師不會是你的主管，但是老師希望你樂在未來的服務，所以今天談義務，主要還是談未來的工作態度。」

學生不管是來求助或是來面試，我都會提醒他們，要有積極的心態，將來才可以掌握自我人生，做一個獨立自主又開心的人。

啄木鳥老師

放大苦難，悲傷將形影不離；放大憤怒，心火只會愈燒愈旺。

打破既定印象

在教育過程中，每當對學生行為有疑問時，
我習慣讓孩子有解釋的機會，以減少誤判和誤會。

彩明再次跟團隊出國，這次擔任幹部。途中，隨行的懿德媽媽注意到，她的笑臉比前一年多了，只是大家不知道是什麼改變了她。「去年的檔案本裏，竟然連一張我的照片都沒有，我猜一定是因為我臉臭，被刪掉了，所以今年我一定要笑！」彩明好像認真，又好像開玩笑地說。

如果只是為了檔案裏有自己的照片，當然可以適時的「強顏歡笑」，但是跟著團隊工作、生活長達一個多月時間，態度是裝不出來的。我從旁觀察，發現她已經從一個不配合的團員，搖身一變成為紀律嚴明的幹部了——要求別人甚嚴。

這過程讓她吃盡苦頭。她反省說：「起初因為我的臭臉，讓大家都不太想親近，連主任都覺得這是我最大的問題。我不是一個會為了別人而改變自己的人，但自從接下幹部職位後，我便下定決心，不要因為自己的問題而拖累整個團隊。」

「我開始主動對別人笑，剛開始笑得很累，也一度想放棄，但是在一次與學員的對話中，她告訴我，因為我一直對她笑，她才覺得待在這個團隊裏是溫暖的。我從來不知道一個微笑可以給人這麼大的影響，在這之後我也告訴自己，一個小小的動作都會影響到整個團隊的運作，就算再怎麼疲憊，還是要留點力氣給我臉部的肌肉，讓大家能因為我的笑而有動力。」

當然，帶著對她的既定印象，我時時刻刻都在注意她有沒有如過往般的隨性和任性。好幾次我叫她過來釐清一些畫面，像：「為什麼剛才大家在排隊準備上船，你就是不照順序？」

她露出無辜的表情解釋：「那是因為我的幾個組員已經往前走了，前面的人卻不走，我就帶著其他組員一起跟上。」解釋合理，我就接受。

我挑戰她的幾個問題，經她一一解釋後都還合理；我重新認識了她，但也笑她說：「為什麼你的動作、表情，那麼容易引起誤會？」

「我也不知道！」她一副無奈的樣子。還好我選擇了以問答取代偏見，也算還給了她公道。其實在念刑事法律時，老師有特別提起嫌疑犯的「被傾聽權力」（right to be heard），我謹記在心。所以，在教育過程中，面對學生行為有疑問時，我也習慣讓孩子有解釋的機會，以減少誤判和誤會。

當東南亞行程結束後，大家繼續往澳洲，團員從五十人變十多人，我可以跟學生有更多的接觸，這時候更能看見彩明的轉變。過去反應快的她，只要有好東西，總是先挑自己要的，現在則讓別人先挑。像這次在澳洲住宿，她就把好的地方先讓給學妹們住，個性上更成熟也更能承擔。

就是有一天生病了，手抖得厲害，大家趨前關心，大人都想幫她換宿，希望有人可以就近照顧她，卻被她婉拒了。她怕對寄宿家人不好意思，症狀稍微舒緩也努力進食，讓大家放心。

看著過去那個驕傲、自我的孩子，彷彿在瞬間長大了，我用拇指跟她比了個「讚」，稱讚她的勇敢，沒有恃病而驕。

她反過來說她很感恩。「很感謝一路上遇到的所有人，老師、慈懿爸媽不斷給予我養分，讓我能在短時間內快速成長。雖然跌倒過，但大家依舊會用愛幫我養傷，讓我可以再次奔跑。若不是他們，我也無法成為現在的自己，『懂得感恩的人，才能把自己的工作圓滿』，我希望自己能帶著這句話，抱著感恩、謙虛向學的心走下去，用自己的力量幫助其他人。」

回國後，如彩明所願，今年的檔案本裏果然多了好些她的照片，每一張都是她微笑的臉。但我也跟她保證，去年絕對沒有因為她的臭臉而刪除照片；感謝這種巧合讓她有所反省，只能說，「一切都是好因緣。」

倒是彩明自己更主動地拿自己這兩年的照片作對比，跟學弟妹們分享她前後的改變和成長，這種自覺比老師強加在她身上的規定，有效多了！

啄木鳥老師

主動願意改變，比強加諸身上的規定，更有效力。

溝通無礙的藝術

他個性太剛硬，又沒有自覺力，
「討他高興」不是怕他，而是調整對話方法，讓溝通無障礙。

同事到辦公室來聊天，提到某班又有同學向教育部投訴老師。我問，是不是某某同學？這老師很訝異：「你怎麼那麼厲害？怎麼知道是他？」我跟那位學生有互動過，接過他幾招，知道他很偏激，只要意見與他不同，他就會覺得被冒犯，講話咄咄逼人，永遠都是他對、別人不對。

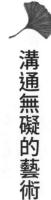

同事覺得我的觀察極其正確，「真的很頭痛。」我則笑著跟他說，「我跟他來往不多，但是對他可是很『討好』。」同事向來知道我對學生很嚴格，好奇我怎麼會「討好」這樣的孩子呢？

「要跟不好溝通的人打交道，第一，不要嫌他煩，第二，認清他喜歡被人重視。他喜歡投訴，但又不喜歡聽別人解釋；每次面對他的不滿，我都以討論的方式邀約他提供解決方案。『尊重』他，讓他覺得自己很厲害，他才會卸下心防，那時候，要跟他交換條件就相對容易了。」我所謂的「討好」，就是依著他的個性，讓他高興就好。

這種孩子，只要你讓他不高興，你怎麼說，他都覺得是錯的，根本聽不進別人的解釋。「討他高興」不是怕了他，而是調整對話方法，讓溝通無障礙。

學生型態千百種，教育方法也要跟著有彈性。這孩子太剛硬了，又沒有自覺力，只有不跟他計較，才不會厭惡他，也才能接近他。但我從沒有妄想可以輕易改變他，他的習氣很重，只要跟他互動可以忍住不發怒，還可以談笑用兵，我就覺得自己很有修養了。

學校裏有麻煩的學生，當然也有貼心的。有一個學生臨畢業前來找我，我看著他，想到四年來互動的種種，笑問他說：「你知道自己的優點和缺點嗎？」

他很認真地看著我，期待老師給他評價。我跟他說：「你的優點就是耐修理，你的缺點就是常常要被修理。」他也笑了。打從一年級開始，他就極度熱心，只是每次都是熱心在前，後面做的事都很草率。我多番提醒他做事態度，但他只是全憑小聰明、不耐測試，很快就會穿幫。

我心裏當然了解，學生在嘗試創新的過程，難免喜歡標新立異，許多不成熟的作法，是有必要引導的。像他那樣念不跑的學生，在老師監督下邊做邊學，也因為熱心完成了很多有意義的活動。

記得有一年加冠典禮，家人送他一束好大的花束，他卻拿到辦公室轉送給我。我教他轉送其他老師，「我們都熟到這樣了，老師已經收到你的心意，去轉送給其他你要謝謝的老師吧！」

「老師，就是要給你的！」

「或是去轉送給你還沒有結好緣、冒犯過的老師也很好，化解惡緣結善緣。」

「老師，還是請你收下。」

「我從來都沒有覺得你冒犯我啊！」我笑稱。

他還是意志堅定，家長又進一步說：「老師，您就收下吧。他回家常提到您，我們也很感謝您幫我們教育他。」

看到學生知道老師在教他什麼，也看到家長能珍惜學校師長對孩子的教育，我後來還是欣然把花收下，欣賞花朵美麗的同時，也以感恩心享受教育的甜美果實。

古人說「因材施教」，真的有它一定的道理。不同個性的學生，需要不同的溝通模式；有的可以單刀直入講話，孩子也貼心受教，但有的需要繞個圈子，才能溝通無障礙。

一些學生喜歡到教育部投訴，但我常笑他們，投訴歸投訴，教育部可能連看都沒看信件內容，就轉交老師們解釋。等到老師們回函解釋了，教育部可能也一樣沒看信件內容，又轉寄給你。何不試著自己主動找老師溝通，展現成熟大人應該有的態度；把想要反應的勇敢表達之後，也試著聽人家的解釋。不是沒有回應你需求的就都是壞人。

大學生在人際溝通的訓練上，因為有教育部當靠山，就變得缺少了。但想回來，中間為什麼會有「投訴」這個機制，也可能真的有不回應學生反應或需求的老師和單位，讓學生求助無門，只好尋求救濟。我們在大學端作老師，其實在教導孩子領導力、溝通能力等基本素養，實在有必要示範自己的領導力和溝通能力才是。

啄木鳥老師

不同個性的學生，需要不同的溝通模式；有的可以單刀直入，有的則需要繞個圈子，讓他覺得被尊重，才能溝通無障礙。

解讀更要「解毒」

看著學生離開的背影，我真切感受到教育環境的艱難，有理都說不清了，無理一定更容易惹是非。

有一個護理系的孩子，因為無法承受實習壓力，想要休學重考或轉系，但是父親卻堅持要他完成學業。孩子拜託我跟父親溝通，父親的見解卻是：孩子再過一年就能畢業，不把書念完很可惜。

看著經常生病的孩子無法跟家長溝通，我們又無法說服家長支持孩子，作老師的再如何心疼，也只能在他每次生病時，同意他的病假。

在學校，教師們溝通的對象除了家長，當然還有學生；有些孩子很好講話，有些則很固執，請他調整作法，他就會覺得你不尊重他。我因為擔任學生申訴委員會的執行祕書，負責接案；看學生每次提出申訴，多是師生溝通出現問題。

有一天，我在處理一件申訴案，無端端「公親變事主」。事情是這樣的——看到孩子提出的申訴案，我覺得不會成案，雖然她跟老師溝通的過程感覺不舒服，但權益卻沒有受影響。我跟她說：「老師理解你的感受，不過案子不成立。」

她不斷重複述說著自己所遭遇的對待，我告訴她：「老師同理你的不快，但因為不成案，申訴對你來說會進一步破壞師生關係。我建議你，更積極的作法是跟老師多溝通，改善事情現況，否則之後還得繼續在班上上課，可以預期的是將會跟老師有更多的摩擦。」

但她很堅持，覺得申訴是她的權力。我告訴她：「每次召開學生申訴評議委員會，都牽涉很多老師；如果不成案，也是浪費行政資源。」就後面這一句話說得不好，讓她覺得受冒犯；她很激動，覺得那是她的權力，怎能說她浪費行政資源？

我說：「你看老師的表情嘛！我是笑著跟你說的，也算是拜託你。如果你不高興，我就跟你對不起嘛！」

這孩子還是不高興地離開了，她心裏一定以為是我們老師間相互袒護。就算我告訴她，自己絕對會依法辦理，但她已經無法相信我的客觀了。看著她離開的背影，當時我真切感受到，現在的教育環境真艱難啊！「有理」都說不清了，無理的時候，一定更容易惹是非。只能慨嘆現在的人心太不容易捉摸，講話還是小心為上，除非你跟她有足夠的感情存款。

只是，想到師生關係變得如此小心謹慎，我就很失落，很怕老師「明哲保身」之下，最後還不是學生吃虧？

後來那位學生找其他老師抱怨，老師幫她分析，順便開導她，總算讓她的理智戰勝情緒。事後那位老師跟我說，他受那位學生拜託來跟我說「對不起」，很後悔在我的辦公室表現出不理性。

聽同事這麼說，我很開心，當然不是因為可以節省行政資源，而是這孩子一前一後的變化，至少強化了我的教育信念——只要心不打結，跟學生就不會有過不去的心結。但這次的經歷也警惕了我，語言有太多解讀，最好謹言慎行，讓語言「解毒」，才不會傷人傷己。

「師者，所以傳道、授業、解惑也。」教育工作現在變得那麼難，我們還做不做啊？當然要做。佛陀在世時，也慨嘆五濁惡世傳法難啊！難到什麼程度呢？佛說，假設你能拿起須彌山，把它扔到空中，又把須彌山接住，都還沒比跟無明的人說道理難。假設你用腳趾頭，把這個大千世界都搖動了，也撇到其他的國土去，這也不算什麼難事；假使劫燒，擔負乾草，入中不燒，亦未為難，最難的還是要在眾生見濁、煩惱濁時，跟他說明是非黑白。

有高僧大德曾說：世間最可怕的人，不是小人，也不是壞人，而是無明的人。因為道理很難跟他講得通，就像上述的父親，你不能說他不是好爸爸，但他沒有辦法抽離世俗的文憑至上觀念，你無法跟他說明孩子健康的重要。

佛陀也說，「諸善男子，各諦思惟，此為難事，宜發大願」。意思就是，要跟無明的人說法難，所以要發大願，才有機會改變他、度化他。一樣的，教育工作者要體認在這世代投身教育的挑戰，也是要發大願；唯有不放棄學生，才能在困難中找到方法，在教化學生的過程中，重燃教育熱情。

那要怎麼做呢？佛陀教我們，「大慈悲為室，柔和忍辱衣，諸法空為座，處此而說法。」證嚴法師以淺顯易懂的文字進一步開示，讓我們更能理解其中道理：

大慈悲為室，讓心充滿愛；
柔和忍辱衣，心心不打結；
諸法空為座，凡事不執著；
以己身為教，處此而說法。

所以，作為一位老師，有愛心很重要，更重要的是心不要打結，除了不要覺得學生很煩、製造很多問題，更要讓他們感受到，你對學生有多麼重視。

面對日常跟學生、家長的溝通，我也以「諸法空為座，凡事不執著」勉勵自己——放下得失心，才不會因為偶爾的失落而放棄了「教師育英才的宏願」，能在困難中堅持，也才有希望在堅持中「無量法門，悉現在前，得大智慧，通達諸法。」

啄木鳥老師

只要心不打結，跟學生就不會有過不去的心結。語言有太多解讀，最好謹言慎行，才不會傷人傷己。

潛在教育

教師必須注意自己語言的潛在教育，否則稍不小心，一個好的觀念，也會變得剪不斷，「理」還亂。

那天，我帶學生去參觀原住民博物館，導覽員提起一些原住民的禁忌，像一些「會所」，大部分只能讓男生進去，女生不得進入。他還舉例說，有一次有女遊客硬要闖進去，旁人阻止並告知相關禁忌，但那群女孩子卻反問：「你是族人嗎？」見旁人不出聲，她們就逕自打開會所的門進去看了。後來，頭目輾轉得知女遊客的行為，就用一把火把會所給燒了。

我在一旁聽著，覺得導覽員的說法必然引起部分學生不同的解讀。於是問他們：「請問會所被燒掉，是誰的錯？」果不其然，有同學認為都是那個好事的旁人，他要是不告訴頭目，就沒事了。

於是，我幫博物館的導覽員補充：「姊姊要告訴你們的重點，是不要去冒犯別人的文化禁忌。你可能覺得無所謂的小動作，別人可不這樣認為。所以，他們才會不惜一切地把會所給燒掉。」

「別人告訴你，女孩子不可以進去。我們可以向他多討教，為什麼會有這樣的禁忌？抱著尊重別人文化的態度來參觀。」

所謂「潛在教育」，就是指在老師「無意」，而學生卻「接受」的情況下，發揮了莫大的影響，尤其在人格、態度、人生觀、價值觀的改變上，比顯著課程更深且遠。從以上例子，可以看到教師必須經常注意自己語言的潛在教育，否則稍不小心，原本一個好的觀念，也會變得剪不斷，「理」還亂。

我們當老師的，可以向佛陀這位人間大導師借鏡。佛陀以種種譬喻教導弟子，好讓根基較差的也能夠跟得上他的教導，但他更重視「潛在教育」可能引起的反效果。

像在《法華經．譬喻品》中，佛陀提到長者為了讓耽溺在火宅裏玩樂的孩子能夠逃出來，故意告訴他們說，「我有羊車、鹿車、大白牛車，各種好玩的玩具」，請孩子們快點離開火宅。等到愛玩的孩子們都出來了，長者卻只給他們裝滿莊嚴寶物的大白牛車。佛陀說完故事，接著就問僧團裏「智慧第一」的弟子舍利弗，長者這樣做，是虛妄不？是講騙話嗎？

舍利弗回答：「不是的。長者的目的是要引導孩子出離火宅，是為了全他們的軀命，是救他們啊！就是他們出來了，也只給他們最好的大白牛車。就像天下父母一樣，富有的長者要給孩子，一定會給他們最好的。」

佛陀這時候才說：「沒錯，這就是善巧方便法門，不是打妄語。」佛陀在教導弟子的時候，非常注意類似的「潛在教育」，他把世間的人情義理導入教學中，也避免學生經由潛在教育作負向的連結。教育學生，用的雖是方便法門，「方」就是方正的道理，「便」就是善巧的方法，都不能脫離教育的根本。

像證嚴法師說故事，講到佛陀的過去生是一位國王，他的小國連續七年乾旱，地上作物全都枯萎了，全國人民陷入了饑旱。國王召集大臣要去祭天求雨，他到山崖上、面向海，向上天和大海祈求龍王降雨，救濟飢餓中的國民。他祈禱發願後，從山崖上往下跳，化成一條大魚，漂到海灘上。

海水把大魚推向海灘，當時有五個人在那裏修船，突然看到這條大魚被打上岸，好奇地趕快圍過來，「這條魚真是大啊！」

沒想到，大魚竟然向這五個人說話了：「希望你們能趕快通知大家，可以割我的肉去充飢。」

這五人相信這是來救世的一條魚，牠不忍心村裏這麼多人飢餓；於是趕快去通知大家。很多人不斷地割取魚身上的肉，但一段時間魚肉又長出來；一直到天都感動了，降下大雨，普潤大地，種子能下土，土地可耕種，大家又豐收了，這條魚才安然往生。

佛陀說，這位國王就是釋迦牟尼佛的前生，那五個人就是佛陀最早度化的五比丘。佛陀當初就說：「只要吃到我肉的人，就是結了來生我要度的緣。」

證嚴法師向來鼓勵大家素食，故事說到這裏，他也即刻提醒大家：「你們不要因此就去吃魚肉，以為這樣可以跟魚結緣、得佛法。那大魚可是有願的！」若不是有大願的魚，你吃牠的肉，牠必也有怨，真有結緣，恐怕也是結惡緣。

學習佛陀和證嚴法師教育上的用心，相信我們必也受惠。否則，語言加上表情容易產生誤解，就是沒有表情的文字，有時候也會隨著信息接受者的身心狀況，而有不同的解讀。

就如媒體報導，一位學生因不堪同學霸凌，自殺未遂；住院期間，老師以短籤送上祝福，但所使用的文字卻引起家屬不滿，社會也議論紛紛。每個人對情境的解讀不同，在這樣的節骨眼裏，老師的表達會被放大檢視。

所以，若我們遇到狀況複雜的情形，想要用文字表達關懷也好、道歉也罷，又或者想要解釋什麼，最好在寫好後，將文字擱置一會兒，再以讀者角度重看一遍，才能避免不必要的誤會。

啄木鳥老師

所謂「潛在教育」，是指在老師「無意」，學生卻「接受」的情況下，對學生的人格、態度、人生觀與價值觀，發揮了既深且遠的影響。

關鍵時刻做好關鍵事

小老師平時幫忙很多，但關鍵時刻沒有做好關鍵事，不能因為過去做了很多好事，就輕易帶過偶爾的犯錯。

在臺灣的大學，每堂課都有一個小老師，負責在課堂前跟老師確認要交代班上同學的事，或者事先完成老師交辦的事。有些小老師很認真，每個星期都會跟老師確認相關事情，但也有一些小老師，只要老師沒有特別交代，就不會出現。

有一次，一位認真的小老師來到我的辦公室，我想到再過兩個星期就要期中考試，但是這班同學有點散漫，於是將課綱和兩個月來上課的主要內容列印出來，交由小老師傳給大家。

考試當天，發考卷前我跟大家隨口說：「考試內容都在給大家的筆記裏，不會太刁難你們的。」

「什麼筆記？」同學異口同聲地問。

「我叫小老師複印給大家的筆記啊！」

大家你一言我一語，紛紛說他們沒有拿到筆記。

「小老師，你沒有發給大家？」我心裏不太相信，她平時都那麼認真。

「老師，我忘了。」她回答。

「你自己有沒有讀過我給的筆記？」見她點點頭，換我大聲喝斥：「你記得要拿老師的筆記溫習，卻忘了印給同學？你自己出來解釋跟道歉。」

小老師怯怯地上臺道歉，「老師，對不起。」

「你不需要向我道歉，要考試的是你的同學。」

「各位同學，對不起。」她說著，眼眶都泛淚了。

「同學，你們接受她的道歉嗎？原諒她嗎？」同學們都表示，願意接受她的道歉，也原諒了她。

「好，我們考試照常。上課的時候你們本就應該自己隨手做筆記，我請小老師複印的不過是上課的內容，沒有我那份筆記，你們應該也可以照常考試才對。」我說完也就發考卷了。

那次期中考，那班學生如我預期，考得很差。但這堂課的後續效應是，他們在課堂中學到不一樣的東西。

有同學說：「小老師忘記老師交代的事，老師很生氣，但也給小老師道歉的機會。小老師跟班上同學道歉，同學接受了，老師也就原諒小老師。老師說『做錯事沒什麼大不了，但是肯承認自己的錯誤並道歉，才是了不起。』這堂課最棒的地方就是，老師很會活用班上發生的事情當教材。」

有些人或許會覺得我這老師太不近人情，小老師平時幫忙很多，也不過是偶爾犯錯；但是對我來說，在關鍵時刻沒有做好關鍵事，不能說過去做了很多好事，這件事就能輕易帶過。

考試對所有同學來說都很重要，小老師自己溫習功課，怎麼會沒想到別人也有需要呢？整件事沒有原諒不原諒的問題，我若是沒有機會教育，教她做事的方法跟不苟且的態度，恐怕才辜負她幫我整個學期的功夫呢！

對學生有要求、讓他們知道老師的期待，這件事很重要。小老師感受到老師要求嚴謹，自己也說，上了寶貴一課。

當然，也有旁觀的同學看見老師情緒轉換之快，說：「好幾次我都懷疑，老師到底是真的生氣還是假的生氣？」

有時候，學生的確會讓老師抓狂，可是老師要懂得「把握因緣」；把「真的生氣」轉成「假的生氣」——好好把一齣戲演好，讓氣消了，教育還在。

啄木鳥老師

要求學生時，要讓他們知道老師的期待；學生感受到老師要求嚴謹，才能學會不苟且的做事態度。

臉黑黑最暴力

同學們聲調愈拉愈高，大家都在看我如何收拾殘局，
而我卻像看戲一樣，讓他們各自去講——

有一年暑假帶學生出國，人數特別多，狀況也不少。一會兒聽到甲說乙的不是，再一會兒又輪到乙抱怨丙……

剛開始，我也很頭痛，但好好聽他們說自己的煩惱時，很開心同學願意把心事、想法講出來，展現最真實的樣子。突然間，我的心靈彷彿有一道光照進來，煩惱也轉成歡喜，我真心誠意地跟他們說：「老師很感謝每個人，因為我們的個性那麼不同，卻能夠在這樣一個團隊裏相互成就。」

想到他們出國前一起做布景、道具、戲服等，總是從白天忙到黑夜，最後呈現出很好看的兒童劇，所到之處都獲得觀眾熱烈回響。一趟海外巡

演，觀眾超過萬人，可以如此廣結善緣，的確讓我無比感恩。

記憶中有一天晚上，本來是學生之間開會，突然有人敲門叫說：「老師，你還是過來看一下。」去到開會現場，剛好一個同學正在分享心得，但聽來語氣不甚友善，「有人以為自己很厲害，又不是幹部，一直在說人家，自己也沒有檢討自己。」說到不高興時，另外一個男生就站起來說，「不用再說了，那個人就是我！如果你知道自己多麼不負責任，就不要怪人家為什麼要嗆你了。」

同學之間聲調愈拉愈高，我就像看戲一樣，讓他們講；我也感受到，學生和隨行的懿德媽媽都在看我如何收拾殘局。我看差不多了，也適時介入：「兩位同學講完了嗎？講完了請坐下來。」

大家圍成圓圈圈，不管從哪個角度，每個人都可以看見任何人。我笑笑地跟大家說：「很好，一切的發生都是剛剛好而已，而且它需要發生！」同學們面面相覷，都在想：「老師葫蘆裏到底賣什麼膏藥？」

「你們想想看，我們要在一起相處這麼長的時間，如果大家沒有學會溝通，該怎麼繼續走下去？對我來說，如果你們對彼此有想法、有怨言卻放在心裏，臉臭臭的是最暴力的。對別人惡臉相向，沒有人知道你在想什麼，你的問題不能得到解決，別人也因此多了猜疑；我們團隊處在要爆炸的情緒，我們又如何把歡樂帶給別人呢？」

我請同學跟著我複誦：「臉黑黑最暴力！」「臉臭臭最暴力！」

「所以，現在老師希望大家可以學習非暴力溝通（Non-violent communication，NVC），也是一種善意的溝通。大家把不舒服的感覺說出來，還要積極告訴對方應該怎麼做，才會讓你感覺比較好。」

「善意溝通」原是由美國馬歇爾・羅森堡（Marshall B. Rosenberg）博士提出來的溝通與同理心訓練。他發現許多人在溝通時，經常忽視彼此的感受與需要，將衝突歸咎於對方，也常迴避責任。他相信在一切衝突的表面下，反應出的是人心深處尚未滿足的種種需要。

像那兩位吵架的同學，他們最沒有被滿足到的就是對彼此的尊重。「同學們，你要先想想，別人跟你講的話有沒有道理？接下來，再想想自己應該怎麼做？還有，你希望別人怎樣跟你說話？」

開始講「有些人怎樣又怎樣」的同學先站起來道歉，「我對自己沒有做好本分事，拖累團隊，向大家道歉。」

另一個自以為正義的同學因為剛才講話太大聲，聽到別人道歉，一時也尷尬，不知如何回應是好。我幫助他緩頰，笑問道歉的同學：「只是道歉就希望別人原諒你了嗎？你覺得自己應該還可以做些什麼？」

我本來以為他會趨前去跟同學握手的，沒有想到他走過去，給對方一個大大的擁抱；看到兩個大男生抱在一起，團隊裏人人都覺得好笑又快樂，剎時晴空萬里，連我都笑出眼淚。

「那現在換你說了。」我要求另一個男同學也應該回應別人的善意。

「我也要說對不起。雖然我說的是事實，但其實態度可以更溫和一點，這樣別人比較容易接受。」

全場因兩位男同學誠懇的道歉而學到溝通的功夫，這一場意外的發生，不正是我說的「剛剛好」而已嗎？

懿德媽媽事後問我：「主任，你為什麼會想出這個方法來？」說實在，這完全出於直覺。懿德媽媽是我的教育好伙伴，在旅途中幫助我關照學生的生活起居，有時候我對學生嚴厲點，她們就像慈母，幫助我撫慰他們，分析道理給孩子們聽。他們經常好奇我處理學生的方法，為什麼跟他們傳統的認知很不一樣？

「我不覺得學生之間起爭執是一件壞事，或者是他們吵架了會讓我這老師沒面子。相反的，溝通過程有人聲音大了很正常，有討論很健康。每個人的情緒都需要出口，我希望可以幫助他們找到更好的處理方式而已。」

過程中我也發現，只要大人耐心、專注地聆聽和接納孩子的當下，他們的情緒就可以得到抒發；妙的是，人一旦被理解，就能召喚出內在的美麗和完整性，更能放下自我、多了體諒，去看到為團體付出的可貴。

團隊，是學生最好的訓練場域。每一個團隊都有它組成的原因，且成員多半背景不一；為了達到共同目標，需要長時間一起生活和共事，進而激盪出火花。可以想像的是，若這群原本要為大家帶來歡笑的孩子，自己沒有訓練到身心統合，變成人前笑、人後卻不快樂，那是多麼痛苦的事啊！

這些年來帶著學生一團又一團地訓練，一團又一團地出國，旅途狀況很多，我的心得就是，遇到煩惱不煩惱，遇到歡喜也不執著，人的腦筋就會多出很多活路。

舉凡談正念（mindfulness）的專家都會告訴你，事情一旦發生了，無論有沒有正念，都有後果。你用什麼心態來面對它，那是你具體的感受，也是你的後果。所以正念作者喬・卡巴金（Jon Kabat-Zinn）勉勵人人，「生活中發生的各種狀況，即使再困難、壓力再大，也要利用它來增長力量和智慧。」這跟中國人古老的智慧「經一事，長一智」，道理相通。

當我們以開放的心靈面對狀況，以正念面對後果，就能夠從中學習，轉化成為自我人生的智慧。正念就是用心於當下，當下過了，心就歸於空。證嚴法師開示：「若安心於空，方能安他、安己。」多一點正念來面對彼此的語言，我們自己安心，也能幫助別人安心。

但話又說回來，是我安住了學生的心嗎？其實，還是要回到無所求的正念，將心安住於空：「終日安他心，卻不見他心可安」的心境。當下過去了，他的心是他自己安的。我們最好還是安住自己的一顆心——沒有所得，也沒有所失。

啄木鳥老師

遇到煩惱不煩惱，遇到歡喜也不執著；用心於當下，當下過了心歸於空，腦筋就會多出很多活路。

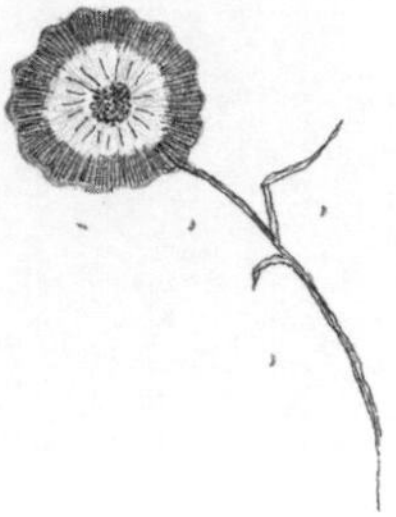

輯四 展翅高飛

找回自在人生的力量

她的容顏改變，也遭遇過被人歧視的挫敗感，
但她很快就轉念，重新設定人生，趕緊再出發。

二〇一五年八仙塵爆受傷的四百多位同學中，有兩位是我們的學生。其中一位受傷同學的母親是學校的懿德媽媽，孩子發生意外後，她還是繼續來當志工，很自然地就跟我們有較多的聯繫。

還記得孩子出院不久，媽媽帶她回來學校，見她穿了一身壓力衣出現在辦公室門口，我問她：「文郁，要不要跟學弟、學妹分享你從ＩＣＵ走出來的過程？」沒想到她答應了，媽媽也嚇了一跳。我很開心地說：「我給你寫一首歌，就在你回來分享時發表。」

帶著還未完全復原的傷疤，她依約回來學校跟學弟、學妹分享。她態

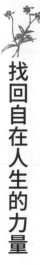

度從容，聲音裏沒有很多情緒，卻牽動臺下所有人的情緒。大家陪著她看回顧影片，她喊痛的時候，我們陪她流淚；她搞怪的時候，又陪著她大笑。

文郁在加護病房住了三十五天，經過三次手術、三次清創才轉到普通病房。剛開始，父母都只能透過電腦螢幕跟她互動，後來傷口漸漸癒合，她卻整天嚷嚷著，「癢啊！癢啊！癢得讓我快受不了了！」父母就在一旁幫她抓癢。

燒燙傷後的皮膚，在恢復過程中會產生疤痕組織及攣縮問題；傷口癒合後，這些疤痕組織及攣縮會影響身體活動功能，尤其是關節處。文郁的手動過幾次刀後，需要訓練關節活動度及維持肌力的復健運動；拉筋過程讓她痛得唉唉叫，甚至脾氣都來了。母親在一旁鼓勵：「我希望你能夠站起來。如果我可以替你痛、讓你可以好起來，我都願意。」看到影片中病房的一幕，母親的憂心和盼望，讓現場許多同學都跟著文郁一起落淚。

母親說，當初趕赴醫院要跟受傷的文郁碰面，她心中充滿害怕，擔心不知道怎樣面對她才好。倒是文郁，從不壓抑自己的情緒，痛就喊痛，想要什麼都講得很具體，反而讓父母鬆了一口氣，漸漸也比較拿捏得出照顧她的方法。

文郁大方分享意外前一刻，她穿著無袖衣裙的美麗照片，但也因此，燒燙傷面積特別大。她感恩護理人員在她發脾氣時特別寬容，但也跟學弟、學妹們幽默分享：「以前實習時，我覺得病人很麻煩，現在自己成了麻煩的病人，才知道護理人員很偉大。那時候，我在病房裏發願：我一定要好起來，做一個好的護理人員。」

分享會最後，她深深一鞠躬跟大家說：「對不起，這些日子讓大家擔心了！」這句話，是對父母、師長還有所有關心她的同學說的。

之後，四個同學上臺合唱「浴火鳳凰」，那是我根據文郁發生意外後，積極復健的心態所寫成的一首歌：

一切的發生　就像一場夢
愛我護我　只會讓我更心疼
抖落羽毛　擺脫命運的捉弄
我是浴火鳳凰　浴火鳳凰

感謝命運　賜我重生
練習堅強　變得能忍
練習飛翔　翅膀更堅韌
飛翔天際　浴火鳳凰

飛呀飛呀　我已想通
飛呀飛呀　我已變不同
我是浴火鳳凰　浴火鳳凰

最近文郁又回學校找我，傷疤已經處理得很不錯。除了受傷嚴重的手部以外，頭部的壓力衣已經解除。我仔細將她從頭看到尾，她的下巴做過兩次手術，我說：「這手術看來不錯，要不要再整容一次？」

「老師，你不是說，接受自己最重要？」

「那是跟不能改變的人說的。但是我看你術後大幅進步，站在媽媽的立場，希望幫她講個話，要你更美，讓媽的心裏不要那麼難受。」

「老師，那除了要花錢，還要痛上一個星期呢！」

「值得啦！應該給自己一個機會，讓自己恢復以前的美麗。」

就在我們聊天的時候，我瞥見她的指甲彩繪，「好美！」我由心底讚歎。

「老師，你要不要？我帶你去做，很便宜的。」

「多少錢？」

「五百塊而已。」

「很便宜！」

「但是這個價錢只有我們傷友專屬。」她還是一貫的調皮，但當下看到那個還沒有辦法伸直的指頭上，一個個漂亮的指甲彩繪，我內心也替她高興。

命運從來不見得合乎我們的理想，再努力都有控制不了的人事物。經歷這樣一個大災難，過了四年，雖然還沒有完全雲淡風清，但接受了不能改變的一些事實，文郁看來已經不再波濤洶湧了；她為自己的人生作了重新設定，讓生命可以重新出發。

醫學所指的「臣服（surrender）」，表示一個人不再為不可能追溯的往事懊悔、追恨。臣服也是收回錯用的抵抗，找回自在人生的力量，也就是懂得把力量發揮在可以改變的事情上，就像佛家說的「逆增上緣」，不是一種委屈求全的心態，而是更積極的精神力量，讓人看到希望。

看到文郁一邊復健，一邊完成學業；在等待護理師國考時，還一度嘗試去打工。雖然她的容顏改變，也遭遇過被人歧視的挫敗感，只是她很快就轉念，「我還是趕快把護理師證照拿到最好，因為沒有人會嘲笑護理師。」

她果然說到做到，成功考取證照，在醫院上班，也安慰了媽媽焦慮的心情。我邀她再回來演講，她卻說，那段時間，她要到國外去了！

她真的翱翔天際了！我們的浴火鳳凰！

啄木鳥老師

命運不見得能合乎我們的理想，收回錯用的抵抗。找回自在人生的力量，將力量發揮在可以改變的事情上。

爭取一個「證明自己」的機會

「唯有接受自己的不足，才能成為更好的人。」
聽到阿光的分享，我慶幸自己沒有因為偏見而否定他。

同事跟我反應，有一位叫阿光的同學要多注意，他的母親從國外來電說他花錢太兇，寄錢給他一下子就用光了，不知道他最近在做什麼。我是外籍生導師，於是找他來了解情況。

一見面，我客氣地問候他：「怎樣？最近日子過得還好嗎？」

「很好。」這跟我猜的一樣，他一定會告訴我沒事，所以我也耐心地跟他對話，「你知道媽媽擔心你嗎？」

「沒有啊！」

「那你媽媽每次打電話來都跟你說什麼？」我決定跟他採取問句對話。

「她每次都問我吃飽了沒有？書讀得怎樣？這裏生活好嗎？」他愈是故作輕鬆，我卻愈聽愈沒有耐心。我提高聲量念他，「你媽想知道，你在學校搞什麼？你為什麼亂花錢？你媽說，你不要再說謊了！」

這可把他給唬住了，我接著要求他：「把你的手機給我，看你媽跟你的對話。」他乖乖就範，把手機翻到母子的對話頁，讓我滾動閱讀。

「你看吧！我剛才罵你的，是不是都是你母親說的話？我可沒有偷看你的手機。我神通嗎？」我擺出一副相命師的樣子，「為什麼我會知道你母親跟你說了什麼話？」

他一臉鐵青，但這時候的他才算正常，我跟他說：「老師不過就像媽媽一樣關心你，知道你母親一個人養你辛苦，覺得有必要幫她看著你。」我調整語氣，不再是「拷問嫌犯」的律師，回歸老師應該有的和顏悅色。

其實學生只要不再掩飾自己，我都可以好好地跟他們說話，因為只有真誠面對自己，才有可能改變自己。後來跟這學生深入對話，才知道他報名出國，一次兩團，所費不貲，才會不斷跟母親要錢。

我問他，為什麼要急著在一年級就去兩個國家？「我希望大學時能多出國增廣見聞。」這也是所有同學想要出國的標準答案。

我幫他分析出國的目的、出國的準備，希望他有所取捨，也鼓勵他不要急於一時。何況他要到大陸交流，不只得請假回國辦簽證，接著出國又在學期中，一來一回，少說兩個星期無法上課。「萬一你這次成績考不好，連原本的獎助學金都沒有了，你叫媽媽怎麼辦？送你回國嗎？」

「不會的，我會用功讀書。」他信誓旦旦。

「凡事要量力而為。這『力』，指的不只是你自己的能力，還有家裏的經濟能力。如果我們只管自己想要的，卻不理會媽媽的壓力，這樣就算你出國增長了見聞，卻沒有長智慧，回頭還要倒扣功德。」對於我的話，他點頭表示了解，誰知道離開我的辦公室，他還是照原訂計畫出國去了，也果真為了辦簽證又花了一筆錢買機票返國。

我再一次把他叫過來，並對他提出警告：「其實，就是現在，老師也可以決定暑假不要讓你出國的。」他抬頭看我，一臉錯愕，他所有的忙碌都為了出國，沒有想到我還有這殺手鐧。

我的確也想了一下，如果純粹是因為他不聽我的，就不讓他出國，那就是老師小氣；我決定以他最後期末考試的情況再來定奪。「你為了出國而工讀，若因此沒有把書念好，最後兩頭不到岸；如果這學期拿不到獎助學金，暑假就只好留在臺灣工讀，我也不可能帶你出門。」

期末考結束，他獲得第三名，確定自己下學期學費有著落後，人也輕鬆了。在劇團中，他飾演一隻青蛙，每個動作都很到位，跳得活靈活現，臺上幾隻青蛙就數他最突出。我們所到每一站，都由他負責訓練當地的「小青蛙」，我將他的耐心看在眼裏，感覺這個大哥哥愈來愈是榜樣。

沿途細細觀察，發現他有他的執著，但也可以堅持把事情做好，對他的態度，我也調整了一些。尤其有一場在新加坡的演出，他手機掉了，大家都不知道，也看不出來他神色有異，直到表演結束，他才跟大家說：「我要對每一場的觀眾負責，也不希望情緒影響了我的表現，所以我還是很平常地上臺演出。」

我忍不住回饋他說：「手機差不多是現在年輕人的『氧氣』，沒有手機好像是缺氧，你卻沒有露出不能呼吸的樣子，真教人佩服。」我心裏盤算著，這孩子面對經濟壓力，又在團隊中掉了手機，我應該有所表示才是。可是我還來不及開口，就有同學在後臺找到手機了，當下大家都為他高興。

同學們一致稱讚阿光改變最多，從之前為了工讀，老是蹺課不來培訓，到現在盡忠職守，老老實實做好本分事；阿光也感恩同學對他的包容：「雖然一開始，我立志要加入這個團隊，但是過程並不順利，因為我的觀念不正確，導致差點退出；這趟行程，我改變許多。」

他坦承從前的他，常活在自己的世界裏，也因為家庭因素怕讓媽媽失望，經常處於思考狀態，鮮少主動與人交流。「但是加入親善大使的團體，慢慢將心門打開，學會如何與團隊共處，也發現過去錯過許多生活周遭的美好；經歷了這次旅程，讓我打開心眼，更讓我感受到人外有人，天外有天，也了解一個個體進入團體，經過磨合，會磨掉一個人的性格。我們要學習如何融入團體又不失特色，能多為團體思考、付出。」

聽到阿光分享，「唯有接受自己本身的不足，才能改變自己，成為更好的人。」阿光的成長讓我慶幸，自己雖然對他有所保留，卻沒有因為偏見而否定他，也給了他一個證明自己的機會。

啄木鳥老師

量力而為，這「力」指的不只是自己的能力，還有他人身上的壓力。如果只管自己想要的，卻不理會他人壓力，就算經驗累積了，智慧卻沒有增長。

為何無動於衷

有心的孩子比聰明的孩子更有教化的因緣，
考量她是「難得」主動找上門來的，我決定給她一個機會。

多年前，一個小女生怯怯地走進辦公室。我問她有什麼事，她說：「老師，我在外面等你很久了。」

「為什麼不進來？」

「我不敢進來。」她長相甜美，但講話有一點不清楚。

「怎麼了嗎？」

「老師，我沒有選上親善大使！」

「你現在才知道嗎？」我可以了解她的難過。

「剛才獲選的同學在班上提起，我才知道我沒有選上。」她說著都快要哭了。

看到那表情，加上她說在外面等了好久，我問她說：「你等了多久？」

「快二十分鐘，我不敢進來。」

就是這「不敢進來」，但又進來了，讓我心軟。這孩子一定很想參加，才會在那麼擔心害怕被拒絕時，還能鼓起勇氣，單獨一人前來求情。

「你很想參加？」我想，她應該不只是進來詢問而已。

見她點點頭。我又問：「班上幾個同學沒有選上？」

「我跟另外一個同學。」我心想，不能因為她來求情就單獨讓她通過，獨留沒來求情的那一人，去面對同儕的興高采烈，於是告訴她，「你去問另一位同學，要不要一起來參加？」

「老師，我真的可以參加？」

「對，先參加培訓，跟得上團隊才出門。」

其實，我們照預算已經選出三十位同學，團隊已經夠大了，現在還出現「1＋1」的狀態……但這些年來我的教育心得就是，有心的孩子比聰明的孩子更有教化的因緣；考量這孩子是「難得」主動找上門來的，我決定給她一個機會。後來，她和另一個同學都一起加進來了。

但在她們接受培訓期間，種種表現讓我更肯定當時沒有入選不是我偏心，她們跟其他同伴相比，就是有明顯的不足處。就說婷婷，跳舞時，她就是比別人慢半拍；每次大家提醒她時，又顯得驚慌失措。

有一天，幹部正在整理道具，叫大家一起來幫忙，她卻無動於衷，我感覺有點後悔，為什麼後來要為她開這方便門呢？我忍不住喊了她一下：「為什麼人家叫你，都不動？」

我的聲音嚇著了她，當她抬頭看我的時候，我看到她的耳朵裏有一個像耳塞的助聽器。

「你聽不到？」我口氣放軟了。她點點頭。那一刻，我心如明鏡，「難怪，這孩子講話不清楚。難怪，這孩子跟不上節拍。難怪，學姊叫了都沒有反應……」我心中有好多的「難怪」。

「什麼時候開始的？」我問她。

「小學的時候。」

我轉向現場所有同學問：「你們知道婷婷的聽力有問題嗎？」

這時候有同學說，「也是最近才發現的。」

「發現了，也不跟老師說一下。」我一面念她們，兩行眼淚卻沒來由地掉下來。我轉頭問婷婷：「那你為什麼沒讓老師知道？」其實這不過是一個充滿自責的老師，搪塞自己羞愧的修辭而已，我怎麼會對一個有聽障的孩子那麼大聲呢？

我很慚愧，我以為我看到她最後努力爭取，我「慷慨」答應了，她應該有好表現；她沒有好表現，我又對她大聲。我細細反思，即便我跟孩子沒有利害關係，但還是有微細的得失心，我要做好老師但又沒耐心，我也不過是一個世俗的人而已。

但我也很慶幸能真實面對自己心靈的起伏，我愧疚但沒有自我批判，也坦然地跟婷婷道歉。那天午後，我們所有團員展開了一場心靈對話，每個人都說一說自己的故事，彼此了解，大家變得更疼惜對方。

大家發現婷婷有聽覺障礙後，對她寬容多了。結果，婷婷在旅途中成長最多，無論到東南亞國家的哪一站，大家都熱情問候她、不吝嗇給她甜美的笑容；對她來說，這喚醒了她「冰冷的心」。

旅途中，我跟婷婷聊天才知道，她冰冷的心其來有自——原因出自聽覺的缺憾影響講話。有一次，同學拿來一個遺失的袋子，為了找主人，我打開袋子裏的筆記本，發現是婷婷的，裏面寫著的都是很負面的文字。我問她為什麼，她才說出，原來她從國中起，就常面對同學言語的霸凌。

隨團到了緬甸，婷婷在許多家境困苦的小朋友身上，看到他們泰然自若的生活態度，她學到了「要從黑暗中找到光明，要不畏懼挫折，不逃避現實，反而要堅持從逆境中找到力量。」那時她才五專一年級，寫下來的文字比誰都有生命力。

回到學校後，人人都說婷婷變得亮麗，也充滿自信；她的改變，也吸引了班上好幾位同學一起參加親善大使。婷婷說：「品嘗過悲哀滋味，才懂得幸福是什麼滋味。用心感受幸福，才能享受真正的幸福。」當時才十六、七歲的孩子，對人生竟然有那麼成熟的體會，讓我很震撼。

轉眼間，婷婷已是二技學生，她擔任我的小老師，盡忠職守，每份作業都寫得很認真，更重要的是，她講話愈來愈清楚。

時隔五年，她再次加入我們的親善大使團隊準備出國，我並沒有特別為團員介紹她的特殊狀況，只是好奇到底多少人會注意到她的「耳塞」？我想，就算沒有人注意到她有聽障也很正常，因為婷婷「太正常」了，她溫和有禮，經常面帶微笑，那被喚醒的心靈，也一直處在保溫狀態，不再冰冷。

婷婷跳舞比誰都認真，也跟得上大家的舞步了！出國前夕，她經歷一場小車禍，就算腳受傷了，也坐著跟大家一起練習跳舞，精神可嘉。

我們一起到土耳其、歐洲等地交流，這次她展現出與五年前完全不同的風貌，她更自信，沿途帶給同學滿滿的溫暖，所談的不再是被霸凌的童年，而是作為家中最小的妹妹，哥哥們是如何照顧她、愛護她。我可以感受到，當一個人開始細數生命恩典時，她的人生也多了許多感恩和快樂。

看著破繭而出的婷婷，忍不住讓人回憶她所有的成長，都是從五專一年級時，她勇敢敲門要求老師讓她出國的勇氣開始——成長需要勇氣，勇氣也可以幫助人成長。

啄木鳥老師

細數生命恩典，人生將會多了許多感恩和快樂。

多元價值

人文教育很抽象，誰能看見它的功能？
如何讓人文教育被理解、被看到呢？

暑假帶學生到英國姊妹校交流訪問時，該校的凱蒂教授為學生解說「智能障礙病患之護理」，表示根據研究數字顯示，英國的學習障礙者，五十歲以前往生的比例是正常人的五十八倍；她問我們的同學：「這個數據反映出什麼樣的問題？」

凱蒂教授說，這些病患早逝的原因，並非跟腦力不足或者學習障礙有關，而是他們在表達疼痛時，普遍都會遇到無法清楚表達的問題，大家習慣將他們「咿咿嗚嗚」的發聲視為日常，因而疏忽了他們求救的聲音。對此，大家一致認同。

教授也帶領學生一起回憶與智能障礙者互動的經驗，大家普遍表達：不知如何跟他們互動，對他們的表情、動作感覺害怕和不知所措。有同學認為，這類病人有時會受到排擠或歧視；也有人對於自己過去沒有辦法正常面對智障者，表示懺悔和歉意。

「這不是你的錯，這是多數人的正常反應；正因如此，我們才希望可以藉由護理教育，帶動更多的覺醒。」凱蒂教授說，社會大眾普遍對於智能障礙者的認識不夠，讓這類病人容易受到誤解，也沒有獲得應有的醫療照顧。

藉由這次的到訪交流，凱蒂教授和同事安卓特地為我們介紹「智能障礙者的護理模擬教學」，這是該校所有護理學生都必須參加的一堂體驗課，學校會安排健康的智能障礙者當模擬病人，讓同學與他們一起生活，一起用餐、聊天等。

說到聊天，教授告訴大家，「很多時候，智能障礙者沒有足夠的語言能力和理解力，所以大家都要透過手語溝通。但有時候手語還是不夠，要再加上近乎演戲般的表達和誇張的表情，才能嘗試把意思傳達清楚。」

我們隨行的同學都會手語，也都是兒童劇的演員，我請同學即興表演，就當作跟姊妹校師長交流。沒想到，凱蒂教授與安卓老師都睜大了眼睛，「你們護理同學也學手語？太不可思議了！在我三十幾年的教育工作中，從來沒有看過像你們這樣的孩子。」

兩人問了很多問題，得知我們此行先赴土耳其關懷敘利亞難民才過來英國，那裏的小朋友聽不懂我們的語言，但是透過同學們的肢體動作加上翻譯，小朋友都很喜歡我們的演出。安卓老師頻頻讚歎，「你的這群學生，是我教過最棒的學生！他們的學習非常專注。」

凱蒂教授也興奮表示，她長期推動智能障礙者護理教育，可以遇到「志同道合」的伙伴，讓她覺得教育充滿希望。「從你們學生身上，我看到在專業護理養成教育中，你們所提供的這些非護理的學習是多麼重要！」

兩位老師頻頻跟同事分享，他們和我們學生之間的「奇遇記」。當我們搭火車回倫敦途中，分別接到兩位老師的來信，為我們這次到訪和交流表達心中的歡喜；他們覺得我們是很特別的學校，有明確的辦學宗旨和超然的人道關懷，也看到我們的學生以尊重來呈現多元價值，非常感動。

我把他們的信轉給同行的學生：「看吧！我們平時所做、所付出的，在他人眼中都是寶，不是嗎？」大家都很開心，彷彿他們長期投入的人文活動得到了「國際認證」。

其實，這也是我多年來投入人文教育所思索的課題：教護理的老師，可以在學生學會護理技能時得到教育效果的證明，但誰看見人文教育的功能呢？人文教育很抽象，如何讓它被理解、被看到？也許只有未來學生在職場上展現出比別人更貼心和有同理心時，才能被感覺到吧！

我經常以十九世紀英國詩人克里斯蒂娜．羅塞蒂（Christina Rossetti）的一首詩〈誰看見過風〉來譬喻人文教育：

Who has seen the wind?
Neither I nor you.
But when the leaves hang trembling,
The wind is passing through.

Who has seen the wind?
Neither you nor I.
But when the trees bow down their heads,
The wind is passing by.

誰看見過風了
我沒有 你也沒有
但是當樹葉在搖曳時

正是風在吹過

誰看見過風了
你沒有 我也沒有
只是當樹彎腰低頭時
也是風在吹拂

啄木鳥老師

在職場上要展現出同理心、能與人貼心，讓平時所做、所付出的，都成為別人心中的寶。

被罵不委屈

她們說，以前被老師念時覺得很委屈，
「現在是不管多忙，老闆只要求你把事情做完，哭也沒用。」

兩個畢業的學生相約回來母校，一進辦公室大喊小嚷地，「主任，我們是回家來尋找勇氣的。」雖然明知他們刻意用兒童劇劇名在打招呼，我還是關心地問，「怎麼啦？」

「工作累啊！」「快做不下去了！」兩人談的都是臨床工作的辛苦。這是完全可以理解的，畢業一、兩年，技術尚未成熟，人際關係也還沒成熟，就要面對醫院病人的、家屬的和學姊的各種要求，肯定會讓她們消化不了。

「我不是說過，等你們遇到壞老闆，才知道誰是好老師嗎？」我沒忘記嘲笑她們。

「還是學校的老師比老闆好。」兩人異口同聲說，也紛紛回憶以前種種。當年在學校擔任親善大使幹部，忙到很晚、隔天上學遲到，被老師念時覺得很委屈，「主任，你那時候還不給人家哭，說『做好本分事才可以哭。』現在上班才知道，老闆是不管你有多忙，只要求你把事情做完、做好，哭也沒用。」

「現在知道我以前在教你們什麼了吧？當學生只有想到今天的事時，老師就得為你們想到明天的事了。」

「所以，我們這次就是要回來找回勇氣的。」

「找回被罵不委屈的勇氣？」我很習慣跟這兩個學生這樣對話。

「嗯！」她們也知道問題在哪，就是被盯了不服氣，所以工作起來不快樂。

「你們所謂的『勇氣』，不過是初生之犢不怕虎的傻勁。過去在學校，你們認知自己還不懂，所以邊學邊做；現在畢業出來上班拿薪水了，人家要求的水平不一樣，不比在學校可以隨性，你們做不來，又不允許人家罵你，自然就會被念很委屈。」

「可是有時候那些學姊都亂罵人。」聽完她們的職場甘苦，我勸她們，就姑且把初入社會的兩年當作進修部來念吧！「把以往在大學沒修好的『人生功課』繼續修；觀念一轉，告訴自己『做中學』，不用付學費，人家還給薪水。」

兩人相繼問了幾個人際關係問題，無不是環繞在工作上的問題。我問她們：「那你們有沒有跟護理長反應？」她們想了一下，都說：「沒有！」

「沒有反應問題，那問題如何獲得解決呢？」

「換醫院！」答得很快。

「你們覺得這樣真的可以解決問題？」這就是現在醫院老是鬧護理荒的原因。護理師都跑到哪兒去了？就在人家那兒！因為小孩從這裏望過去，總覺得對面的草比較翠綠。

多年來觀察學生在醫院工作，多能體諒她們的辛苦，但看她們的去留，其實問題都差不多——新人遭遇工作壓力，沒有機會紓解，就認定這地方不適合。

「以後換你們媳婦熬成婆，又換你們罵學妹了！」我試著跟她們輕鬆對話，勉勵她們終有一天會熬過去。

「我們才不會這樣對學妹。」她們反應很快。

「其實每一屆的畢業生都這樣說，當學妹時恨學姊兇，當學姊時又嫌學妹笨。」兩人聽我這麼一說，知道老師雖不是護理老師，對護理工作環境卻也不是完全無知。

「主任，為什麼學姊教人的時候，不能像你一樣好好講道理？」

「她們急啊！你們護理人員不是每天都掛在嘴上說：你知道嗎，我們面對的是一條人命耶！」我還模仿語氣和表情，讓她們都笑翻了。

「資深護理人員忘了你們這些學妹也是一個又一個的護理新生命，大家在壓力底下、在『尊重生命』的前提下，就相互傷害了。」

「主任，你太了解我們的環境了！」

「了解又怎樣？我又不能代替你上班。」

「至少你了解我們，就讓我們找到勇氣啦！」

「這麼容易就找到勇氣啦？」

「是！」很肯定。

「那還要換工作？」

「呵呵！」那笑聲不用猜，就是「是！」

其實，信任沒有了，再留在同一單位、再讓她們碰到類似問題，過去的不愉快都會超連結起來；孩子要換工作，還記得回來找老師聊聊，也算不錯的了！

所以，我也不過就像老媽一樣，歡迎校友回娘家，聽聽她們傾訴，祝福她們在新的工作崗位上，有舊的經驗參考，有學生時期師長的愛支持，可以愈來愈好。

啄木鳥老師

把初入社會的兩年當作進修部來念，繼續修習大學沒修好的「人生功課」；從做中學，不用付學費，人家還給薪水。

跟學生「討謝」

「不是我需要你的謝謝，而是你需要學習感謝。」
我提醒她，再忙也應該要知道怎麼做人……

有幾個優秀的孩子，每次出現在辦公室都會被我嘲笑，「無事不登三寶殿」。我調侃他們：「你們跟老師的關係只有利害關係——有事才會來找老師，來找老師都是有事。」

「老師，哪有？這陣子很忙啦！」他們總是這樣解釋。但我還是經常開他們玩笑，就像當年我的老師刺激我們一樣。

因為功課好的孩子容易患得患失，功課好，不代表人人都有自信；他們自尊心強，容易自我批判，也比大部分人更敏感，更在意別人對他的看法，但也因此容易活在自己的世界裏去解讀別人的話語。

他們很在意成績表現，好學卻不會放鬆；長期緊繃，限縮了他們的人際關係。有一次，我跟一個功課很好的學生討「謝謝」，「你這次可以順利到國外實習，是老師幫你推薦的，你不覺得實習歸來應該來跟我說謝謝嗎？」

她漲紅了臉，很尷尬地說：「謝謝老師。」

說實在，我哪需要她謝謝我呢？但我還是跟她說：「不是我需要你的謝謝，而是你需要學習『感謝』。你不能夠那麼現實，需要我幫忙時才出現，之後就不見人影。我當然知道，像你這樣的學生會很忙，但再忙也應該知道怎麼做人。」

這次她不只是漲紅了臉，看來就像快哭了，「老師，對不起。」

「我不是來跟你討人情的。我只是好奇，為什麼回國後，你都不用來分享出國學了些什麼？」

「老師，我很怕別人說你對我特別好，我不希望自己在同學面前是特別的。」她終於說出心理壓力來源，那實在是出乎我意料之外。照常理，學生出國前找我推薦，回國後通常都會來聊聊，她倒是我去找她才過來的。

我忍不住念她：「你怎麼會這樣想呢？太傻了！被老師疼是一種榮譽，怎麼會怕同學怎麼想呢？」我以為這是小學生才有的心態，因為年紀小才會在乎同儕認同，也相對承受最多的同儕壓力。上大學了，應該發展更強大的自我概念才是。

後來這位同學陸續找我幾次，有一次她請我幫忙社團講課，談的主題是「社會網絡」，其中一個重點就是勇敢尋求協助，也不要有害怕被拒絕的勇氣。課後，她寫了簡訊說，她長年來最怕的就是被拒絕，「老師所說的，幫助我面對自己內心的恐懼。」

後來了解她的成長背景，大概知道這個家庭給了她難以承受之重：因為聰明加上用功，她的成績一向很好，也因此她很努力維持別人印象中的美好形象。

我也跟她聊起自己的童年：小時候家裏很窮，父親辛苦工作一輩子，當過卡車司機，也賣過報紙、做過很多雜工，我們小小年紀就得幫忙父親做事。有時候遇到別人對我們不友善，父親一定會跟我們說：「不要怕他，你們又沒有做壞事，再去一次。」要我們學習面對別人的臉色。

至今，我最感恩父親給予的訓練，在我們那麼小的時候，他讓我們學習去面對他人的拒絕，也訓練我成為今天的我；「只要是做對的事，誰都不必怕，這才是健康的自我認知」，每個人就是要有這樣的信心和勇氣。

「我爸只有小學畢業、家中沒有什麼錢，他都能夠那麼自信，你那麼會念書，以後還要賺大錢，應該更有自信。」我這麼勉勵她。

畢業後，這位同學給我捎來一封信：「來花蓮讀書後，最大的收穫就是開始願意從心裏對別人好；過去與人相處，我表面看來彬彬有禮，其實內心很擔心被別人討厭。有時候很在乎別人的看法，事事遷就他人意見；有時候過分謙卑，這些都是我要學習改進的。感謝老師這些年的教導，讓我踏出人生一小步，也終於走到這裏了。」

有一天，她來看我，說是剛從國外旅行回來，特別帶來小禮物。我欣然接受了，我想，她真的掌握那次我跟她討「謝謝」的重點了，打從心底為她高興。

啄木鳥老師

做對的事，要提起信心和勇氣，更要學習面對他人的拒絕，這才是健康的自我認知。

為理想遠渡重洋

「我們要更用功，才能有更好的未來。」

相較於異鄉遊子的奮發，我自忖多久沒聽到這樣的聲音了？

這學年，學校多了一群菲律賓同學，他們以英文溝通、不懂中文，所以我的課就以英文作為教學媒介語。

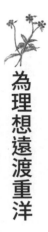

陪伴這群離鄉背景的孩子一個學期後，我經常被他們滿滿的情緒感染。他們大多是二〇一三年海燕颱風侵襲菲律賓受災家庭的孩子，直到現在六、七年過去了，他們還住在當年慈濟為他們所蓋的大愛村裏。

如果問：「為什麼要離開故鄉到臺灣來求學？」幾乎每位同學的答案都是為了給家人更好的生活，也為了給自己更好的明天；這個答案激起了我無比的教育使命感。我也是因為想讓家裏有好日子過，當年選擇就讀法律系，希望以後當律師、有穩定收入。

這群菲律賓學生剛來臺灣時，我問他們最不習慣的地方是什麼？他們說，早上沒有辦法洗澡，還有飲食也不習慣；另外，冬天太冷更是不習慣。東南亞人習慣早上「沖涼」，因為那邊天氣熱，沖個水，身體涼快就感覺一天好舒暢。但是臺灣冬天的氣候就不是這群瘦弱的孩子可以享受的涼快了，那天他們問我有沒有多的棉被，他們冷得睡不著覺。

我除了找棉被，也帶他們到環保站「惜福屋」，挑選自己需要的冬衣。這些學生進到惜福屋就像走入寶藏庫似的，人人左右手都拿著自己喜歡的衣服。這讓我想起，有一次校內的臺灣學生想要義賣二手衣、募款救助難民兒童，當時我問他們，「你們自己會買二手衣嗎？」大家都笑說不會。「那你要賣給誰？」同學們被我這麼一問，最後就改設計其他活動了。

反觀這群菲律賓學生，對於老師為大家添購二手衣充滿感激，還寫卡片道感謝，讓我也為這麼小小的付出得到那麼多的回饋感動不已。

我自己來臺多年，當然也面對過適應環境的挑戰。有一天上課，我決定把「心素食儀」課程化為實務體驗，讓他們提供菜單、我幫忙備料，由他們自己烹煮菲律賓晚餐。看他們親手煮著家鄉菜，不過就是兩道菜配餐廳提供的白飯，但每位學生都露出久違的笑容，那種高興，勝過老師請他們吃大餐。

原本我還擔心他們煮的菜不夠吃，後來才發現，他們白飯吃很多、菜卻很少；稍微嘗了一下味道，果然菜就是「夠鹹」。這就如同我貧困歲月的飲食習慣，小時候去舅媽家，她總是以閩南語說，「隨便吃，家裏沒什麼『鹹』。」指的就是沒有什麼配菜的意思。

現在的人營養過剩，反而說米飯要少吃、要減少攝取碳水化合物。看看這群孩子，他們提供了我很多的反思，隨著我愈了解他們，我也將課程做了些許調整。

譬如談環保，學校各個班級都設有回收箱，裏面幾乎都被各式飲料包裝盒、便當盒給填滿，甚至溢出；但這班菲律賓同學的回收箱多數時間都是空的，原因就在於他們很少消費，每一餐都在學校餐廳用餐，因為那是免費的。所以，跟他們談回收，不如從菲律賓風災與世界災難談起，討論災難與素食、淨化人心的關係，希望在觀念上引導他們吃素自在，儘快適應學校的飲食習慣。

這群菲律賓孩子是學校的公費生，將來畢業要留在臺灣上班，學校給他們每月新臺幣三千元的零用錢，他們可以省下一千多元，拜託菲律賓慈濟志工轉交給家鄉的父母，對家人來說已是不少的生活補貼。

這麼懂事的孩子當然讓人心疼，只是，他們離鄉背井而來，除了懷抱理想與使命感，常常也會遇到語言學習和生活適應的壓力。我常常藉由上課時間，讓他們有宣洩情緒的機會，更多時候也是為了激發他們想像美好的未來，勇敢面對眼前的挑戰。

他們的情感豐富，表達非常具體，也讓我經歷了前所未有的教學滿足感。像耶誕節前夕，我們到醫院、老人中心還有飯店做志工、報佳音，他們對於所見所聞都很有感受。

在醫院看到一位曾經到國外留學的年輕癌末病友，他們詢問大哥哥當時離家的感受如何？聽他說「也是很難過」，他們的眼淚潸潸而下，感同身受，但緊接著又問大哥哥如何克服？大哥哥以孱弱的聲音跟他們說了一個英文字「Clean」，我不太確定，問說是要清理這難過的情緒嗎？大哥哥點點頭。我接著代問，「怎麼清理？」大哥哥說，要跟家人說、跟朋友說，不要把哀傷放在心裏。

那一趟醫院志工行後，同學分享自己的見聞、自我勉勵，大哥哥在初中時就離開家鄉，他們可是到了大學才離鄉背井；他們有健康的身體，應該要比生命垂危的大哥哥更勇敢面對挑戰才是。

看到他們一面說一面流淚，為大哥哥難過，也為自己內心流淚，但總是一種健康的宣洩，就像大哥哥說的，作了一番「清理」，相信對他們一定有所助益。

週末到老人服務中心唱聖歌，在為阿公、阿嬤按摩時，只見幾位同學也是淚眼婆娑。我雖然聽不懂菲律賓歌曲，但感覺曲調流露出思鄉氣氛，果然經他們解釋，歌詞述說一個遊子遠在他鄉過節，也難怪他們要流淚了。

最後一場報佳音的地點是一間五星級飯店，在飯店公關的貼心安排下，大家享用了一頓豐盛的耶誕餐，才開始向客人報佳音，這群孩子們帶給大家很多的歡樂。

回饋分享時，我請他們自在地用菲律賓語說心裏的話，由旁邊的菲律賓志工為我們翻譯；他們又是歡笑又是流淚，但依然是發憤圖強的情緒，「雖然在這本該一家團圓的日子，我們無法跟父母家人共度，但是感謝老師、慈濟師姑的陪伴，我們已經比故鄉許多人都幸運了，今天還可以在五星級飯店用餐。我們要更用功，才能有更好的未來。」

看著、聽著這群異鄉遊子的分享，我自忖多久沒有在臺灣聽到像這樣的聲音了？難怪人們說，太好的環境對年輕人來說也是一種剝削——讓他們失去奮發的決心。

最後，我說著自己的老故事勉勵這群孩子。那年，我跟同學參加一場全國辯論比賽得到冠軍，老師帶我們去慶祝；第一次去這樣高級的餐廳，吃完每道菜都有人為你換盤子，當時覺得好高貴，也在內心發願，哪一天換我工作有錢時，我要帶一輩子都沒有上過高級餐館的父母去用餐。後來，就像所有童話故事的美好結局，畢業後賺了兩個月薪水，我果真帶著父母、弟妹去同一家餐廳用餐。

「同學，想想未來的美好，是否給自己力量去克服眼前的挑戰呢？」同學們都點頭說「有」。我接著勉勵他們，「把困難視為正常，就不會驚慌害怕。就像學騎腳踏車一樣，把眼光放在遠方，把心放在當下，心定下來就能步步前進！」

在歲末之際，回憶跟這群學生互動的點滴，我有很多的感動，也在心裏默默祝福這群離鄉而來的孩子，他日可以帶著一身專業，載譽而歸，如他們所願，給自己和家人更好的明天。

啄木鳥老師

把困難視為正常，把眼光放在遠方，把心放在當下，就能步步前進！

真正的美

每件事情發生的當下，就是最容易讓孩子觀察自我的時間點——當下的畫面是最不能逃避的，每個人都得面對當下的自己。

每年帶著學校的親善大使出國，從學期初每月一次一整天的培訓課程，到出國前近兩個星期的集訓，到最後出國一整個月，跟同學長期相處，彼此都有很多的故事和回憶。

有一年海外巡迴演出結束，我們繼續在臺灣巡演。四個多月漫長的時間、演出十六場兒童劇，對很多年輕人來講，的確是很不容易的事。

長時間做同樣的一件事，需要的不只有耐心，還要有很多精神力量。一旁記錄的志工問我，如何帶領這群年輕人，讓他們展現出強大的團隊精神及隊伍的紀律？我的回答是：「紀律，就是『管教』。」

對我來說，「管」，就是約束、訂規矩；「教」，即是教育、教導。每件事情發生的當下，就是最容易讓孩子做鏡子反射、觀察自我的時間點——當下的畫面是最不能逃避的，每個人都得面對自己。否則，事情過了，畫面沒了，再說再教也不過是虛妄的指責而已，學生不會有感覺。

運用孩子犯錯的時機，教導他們解決問題的思維和技能，這也是正向教育（positive education）的其中一個要領。重要的是老師要有正向心態，真心接受孩子犯錯是學習的良機，才能跟他一起享受成長的喜悅。

譬如《小綠公主》的女主角，被設定為心地善良、臉上卻長胎記的小女生，其中一場戲，小綠一下臺就被我罵了一頓：「為什麼你的妝少了胎記？」小綠拆下花環辯解說，她有——但是胎記是畫在額頭上。

「戴上花環，誰還看到你的胎記？你美了，我們的戲卻不美了。國王說：『我的小綠公主雖然很醜，但心地善良。』看不到你的胎記，你醜在哪裏？我們的戲所要表達的又在哪裏？」我問她。

當下小綠一定很難過，但我沒有想過要安慰她，還希望這難過能在她的心裏發酵一陣子；不是因為小綠讓戲變得不好看，我才生氣，而是小綠需要心理層面的成長，我要讓她去痛一下、思考一下。

當天有兩場戲，高雄場結束後，我們搭車到臺南準備晚上的演出。彩排時，我告訴小綠，「你很美麗，但不夠自信；如果你把精力全用在塑造外在美的話，就很難展現出真正的美。內在充實，即使妝化得很醜，你還是很自在，這才是真美；這種美，是由內在成長反射出來的。」

我跟同學舉例，莫文蔚這位巨星甘願扮醜，演丑角、畫丑妝，但她很自在，甚至還很喜歡這樣的角色。她很清楚表達出，「我不怕別人不喜歡」，在她的影視作品裏，扮演過的角色有剃光頭、裝齙牙、黏鬍子，扮醜這事她似乎百無禁忌、樂此不疲。但當有記者對她說「你長得不是很漂亮，但……」時，她根本不給對方機會，直接打斷道：「對不起，我覺得我非常漂亮。」

我希望學生也能有這樣的自信，能自我肯定，就不必讓人來肯定。若很在意別人怎麼看待自己，自信心不足，情緒就容易受人家的一句話、一個臉色影響。相反地，放下自我，才能真正的自在。

後來小綠在臺南場自己上妝，她在左眼處畫了個大大的胎記。演出完畢，我們師生相視不語，她給了我一個甜美的笑容，我也跟她伸手比了個「讚」。小綠知道我在教她什麼。

對我來說，學生未來還有很長的人生路要走，在我們相遇的這段期間，我只希望幫助他們找到更好、更快樂的自己。多年後，我們又在一個兒童劇的演出現場見面，小綠過來打招呼，我們談談過去，也聊聊現在，彼此都很開心。

親善大使經過了生命的洗禮，永遠把這個團體當成自己的「家」，這種親密關係也見證了師生之間若真誠相待，必會留下美麗的回憶。

他們在學期間，老師「管」過、「教」過，但當老師不再管時，他們可以自我管理；老師沒有再教了，他們可以自我學習，這就是最有意義的師生關係。

啄木鳥老師

太過在意別人怎麼看待自己，就容易受他人的一句話、一個臉色影響情緒。能自我肯定，就不必等待他人來肯定自己。

領導與頭銜

做事需要「頭銜」嗎？我常跟同學說，
領導不需要頭銜，只有「承擔」才會成長。

這些年來，擔任校園親善大使指導老師，我最大的收穫就是訓練了一批有承擔力的幹部。我的責任主要在組織他們，讓有心承擔的學生透過付出學習領導、遇到問題會主動尋求協助、自己試著解決。

今年學校歲末祝福，看到八十位同學手語演繹《無量義經》，人人都讚歎他們的隊伍整齊和臺風穩健，紛紛問說是我訓練的嗎？我說：「是，也不是。」

手語都是親善大使幹部訓練的，但這群學生長期跟著老師學習承擔工作、學習組織，也學習在遇到難題時不抱怨、想辦法，並在一次又一次的活動圓滿時，嘗到豐收的喜悅，慢慢體會承擔才能成長的感覺。

許多時候，大家都覺得大學生需要學習「領導力」，但也容易誤導大學生以為做事需要「頭銜」。我常跟同學說，領導不需要頭銜，只有「承擔」才會成長。就如《靜思語》所言：「能承擔是一分動人的力量，能承擔錯誤是一種高尚的品格。」承擔就是最好的領導力訓練，也是大學生必須學習的一種基本能力。

承擔，不只是承擔工作，更重要的是承擔別人的情緒和聲色。做事的過程中，你有你的想法、他有他的意見，很容易因意見不同而造成彼此不愉快。這時，《靜思語》就是很好的提醒與承擔責任的妙方，像「一粒細沙就扎到腳、一顆小石子就扎到心，面對事情當然就無法擔當。」「別人『嫌』，我們就要『謙』——謙讓、謙恭。」「有心做事，要用心做、勇於承擔，不要怕被別人傷害。」……

一位擔任幹部的同學，在課堂上被我問到：「同學有情緒時，要怎麼處理？」她分享自己的經驗，「就是要去關懷他、了解他。」而另一位同學也分享，自己情緒多變，但老師對待她的方式，不是生氣、討厭，而是關心和對話，讓她有了自我覺察和改變的契機，她也從老師身上學會，如何承擔別人的情緒。

這不正是大學生所要學習的承擔力和領導力嗎？一般人在做事的過程中，經常得面對自己犯錯或是他人犯錯；對待錯誤、承擔錯誤的態度也很重要。

過去曾有學生弄丟公用物品，卻不主動回報，等到大家發現時才不得不承認。我教他們設想，未來在職場上班，尤其是在醫院服務時，若犯錯不往上報，是否會耽誤別人處理問題的時機，也可能把小事變大事？

這個道理學生一般都能理解，但是要訓練認錯的勇氣並不容易；在團隊中，他們慢慢摸清我的個性，知道「自首都會減輕受責」，也就比較容易坦然面對過錯。

至於別人犯錯呢？學生通常都會氣急敗壞，個性不成熟的還會在背後說三道四，傷了彼此的和氣。我跟他們分享《靜思語》：「要從別人的錯誤中找出自己的責任。」要問自己：是我哪裏沒有交代清楚嗎？每個人都要檢視整個溝通過程，在訊息發送跟接收之間，有哪些是可能造成溝通障礙的因素？

我也舉例跟他們說：「老師是外國人，雖然一樣說華語，但別人也會誤解我的意思。」當語言用法和文化背景、環境不一樣時，溝通很容易會造成誤會；不受別人影響自己的情緒，這才是成熟的表現。

許多大學生利用課餘時間承擔幹部責任，自我訓練時間規畫、進而發現無限可能；過程中一旦碰到困難，有的會說「壓力太大」，有的則會輕易想放棄。我告訴他們，「難，是還沒有行動前的一種感覺而已；真的開始承擔了，將壓力轉化成使命，力量就能源源不竭，且會做得滿心歡喜。」

我也請同學自我檢視，「無力感」是不是一種「孤獨感」？「遇到困難時，可以檢視自己的計畫是否有需要修改之處？也可以看看周圍，要找別人一起來幫助你。」

啄木鳥老師

「承擔」是最好的領導力訓練——承擔工作，承擔別人的情緒和聲色，更要學習承擔錯誤。

「洗」腦

剛開始，他們懷疑老師在洗腦，後來卻稱「樂得被洗腦」，因為觀念轉變後，煩惱也變少了。

我在學校教一個特別的課程——慈濟人文。很多人問我那是怎樣的課？我跟他們說，「包羅萬象，隨著教學對象的不同，課程也可以千變萬化。」

第一堂課，我跟學生討論他們認知的這個世代。有同學說，這是一個人們普遍聰明、很急的世代；也有人說空氣汙染、資訊發達；更有人說人情冷漠；不過也有人說，這世代的人們普遍更有知識，生活更好。

因為「慈濟人文」是一種普世價值，它也是應這世代人們心靈的需要。學生討論後，共同為這世代下了個結論——這是一個「疾速世代」，科技發達讓人們普遍可以在短時間內接觸很多資訊，讓人們變聰明；但在爆炸的資訊裏，真假難分。聰明的人類，於是最需要辨別是非真假的「智慧」。

其次，人跟人看來因為通訊軟體發達，連結多了，交流卻少了，太多不必要的連結讓人麻痺，太輕易的連結也讓人不珍惜互動與往來，這就是為什麼有同學說，人變得冷漠了。

曾有一位美國醫師甚至判斷，未來在美國排行第一的死亡原因，不會是癌症，而是孤獨感。人們的生活在社交媒體催化下，更容易暴露在人前，但也因此更容易在比較之下產生孤獨感和被遺棄感，未來人們需要的將會是「愛與關懷」。

同學們也觀察到，空氣汙染、氣候變遷等環境因素，起源在科技進步後的消費模式改變。人們不出門就可以上網購物，天羅地網的購物模式讓人們購買的東西遠超過自身所需要，高欲望、高消費、高破壞的結果，人類要承擔的就是地球環境惡化的危機，未來人們最需要的醒覺，就是「與地球共生息。」

聽完同學們的討論後，我將慈濟人文的重點，以三個圈圈跟大家分享：大圈圈外，就是人類與地球和諧共存；中圈圈則是人跟人的合作與關懷；內圈圈則是每個人的自我發展。在疾速世代，人們最難看見自己，卻最需要發掘自我無窮盡潛能。慈濟故事多，許多真人實事都是很好的教材。

我請同學再畫兩個同心圓，大圈圈裏寫下自己關心的事項，小圈圈則寫上自己可以影響和改變的事項。同學們發現，自己關心的事很多，除了自我的人際關係，還有地球的安危、地方政治、國際政治……至於可以改變的事項，他們認為，自己可以改變學業成績，只要用功即可；自己可以改變態度，有心就不難。但他們也發現，關心的事多，可以改變的事少。

「同學們，這是正常的。對知識分子來說，我們本來就是『家事、國事、天下事，事事關心』。但是知識分子大多只停留在說跟寫、少了行動，可以改變的就很少了。」我用同學們的作業跟慈濟人文關係做了一個對比連結，讓大家知道，慈濟人文不在傳教，而是藉由現代人遇到的種種問題，尋求解決之道，也可以透過真人實事獲得啟發。

「慈濟人文精神理念來自於證嚴法師，他以身示範，如何將理念付諸行動，從關心臺灣東部缺乏醫療而蓋醫院，從關心媒體亂象而經營大愛電視臺，從關心地球暖化而開展環保志業等，都見證了其行動力和影響力。」

幾年教學下來，慈濟人文慢慢獲得學生認同，剛開始，他們難免會懷疑老師在「洗腦」，後來卻稱自己「樂得被洗腦」，因為觀念轉變後，煩惱減少了。

我笑言，知識分子都有「所知障」——所知道的知識，障礙了智慧的發展。

凡事以我為中心，關心的改變不了，只剩下抱怨；我鼓勵他們「轉識成智」，將世間所見所聞，轉化成為智慧，讓自己更勇於承擔、改變世界。「要承擔讓世界更美好的責任，就要涵養自己，啟發智慧力量，不隨著別人的吶喊而聞風起舞。」

那天上課，我以赫爾曼・黑塞（Herman Hesse，德國詩人、小說家，一九四六年諾貝爾獎得主）的話作總結：「我了解你想改變世界的心情，也明白你熱切期盼有所改革；但縱然你有改變世界的強烈意志，以示威遊行、集體抗爭等手段發聲，這條路的前方卻只有無盡的暴力與戰爭。」

「要想改變世界，先改變自己。改掉暴躁性急的脾氣，別再以自己的利弊衡量所有事情，更不要淪為被別人利用的棋子，必須徹底改變你那浮躁的個性。」我認為，改變自我，就是和平改變世界的一種方法。

啄木鳥老師

知識分子都有「所知障」——所知道的知識，障礙了智慧的發展。

擦亮自我品牌

一個品牌的形成，不只是對外形象的展現，更重要的是禁得起歲月洗禮，不隨波逐流。

多年前，一個討論「大學生上課可不可以吃泡麵、啃雞腿」事件，正反兩方的辯論，除了凸顯臺灣無限制的言論自由，更多似是而非的言論，也讓部分大學生迷失了學習的準則。

大學之門廣開，想要念大學太容易，看到部分同學不只不珍惜資源，上課態度也讓人不敢恭維，我不免感慨：「只要我喜歡，有什麼不可以」的隨便，絕對不是方便法門。

所謂「方便法」——「方」指方法，用契於一切眾生根機的方法，也是方正之理。而「便」為便用，是巧妙言辭譬喻。針對種種根機的人，用方正之理與巧妙言辭，方便於教化。方便，不能當隨便，一旦隨便，不只不能把事做好，更多時候連道理都會說不清楚。

證嚴法師曾叮嚀慈濟教育志業的師長們，對學生要「教之以禮，育之以德；授之以理，傳之以道」，其中的善巧，就是教育學生未來在社會立足之道。

有一天幫學校老師代課，九點上課鐘響，看到學生還在吃早餐，我出言提醒：「這個是講堂，不能帶食物進來的，你們不知道嗎？」學生露出不高興的臉；接著，又看到一個身影迅速跳過張椅背，我問：「同學，你從窗戶跳進來？」「為什麼不可以？」他反問我，態度也不太友善。

「來，跟我來。」我把他帶出講堂外，手比著在腰際間的窗戶高度，「你看，這高度，用跳的很危險。」旁邊剛好有一位同學，我問他：「你說是不是？」

「我又沒有跳！」他回答後，又指著旁邊的同學說，「我是要幫他開後門。」

「有大門不走，為什麼走後門？」我反問，他們兩位默不作聲。就在我們師生對話時，又有遲到的同學要從後門進來，同學趕快示意他從前門進來。

大家坐定後，我開始自我介紹，「我是謝麗華，是這一堂課的代課老師。今天要跟大家說『品牌』。每個品牌都有它的理念，也就是它的內容跟內涵，還有它的組織文化。就像人一樣，每個人都有一個名字，也代表某個意義。你們剛才看到的、我所表現和表達的，都是謝麗華，不是你們習慣的任課老師。我有我的教育理念，我服務的單位叫慈濟科技大學，它有它的組織文化，我服從這文化，也以在這裏服務為榮。」

「一個品牌的形成，不只是對外的形象，更重要的是組織內所有成員的認同。這所學校要求老師要教學生品格和禮貌，這是我的工作。」我接著提醒同學：「將來你們也要到企業上班，選擇跟自己價值理念一致的，才能盡忠職守。」

課程進行時，那位對老師不甚高興的男同學二話不說站了起來，拿起手機錄影，很像在蒐證；我沒有阻止他，也沒問他在拍什麼，還請他找個位子坐下，「你這樣站著，太辛苦了！」他還真的找了個位子坐下來。

看他錄了好一陣子，我跟他說：「手瘦的話，可以用腳架。」他倒沒有用腳架。我神情自若地繼續上課，只是剛才那不太友善的互動，讓我覺得要順著課堂教學的進度，找個時間將它化解。課堂上談的還是「品牌」，看到課室後方有一個 MUJI（無印良品）的袋子，便問道：「有誰愛用這個牌子的東西？」幾位同學舉手，課堂氣氛回歸正常。

「MUJI 跟 Uniqlo 都是日本品牌，也都賣服飾。哪一家產品的顏色比較多？哪一家顏色比較少？哪一家的單價比較高？」同學回答我，MUJI 的顏色較少，多是白、黑、藍色系，相對比較素，但所賣的衣物單價都比較貴。

「每個品牌都有它的定位，也有它鎖定的消費者。MUJI 的經營理念，就是跟 Uniqlo 有所切割——Uniqlo 有各種顏色，但 MUJI 想要服務的卻不是所有顏色的消費者，他們的理念是：我只要服務我『忠誠』的消費者。」

我接著說明：「即使 MUJI 產品的單價普遍比 Uniqlo 還貴，但它也不怕被比較定位與定價。就像蘋果手機，它定位在高檔手機，定價很高，卻一樣有它忠實的消費者。」

我笑著跟同學說：「身為老師，我也有我自已的定位，我不是來討好每個學生的，但是，我始終相信：一定會有理解我、想要跟我學習的學生，是嗎？」

幾個乖巧的學生點點頭，讓我「氣勢大好」，我轉向正在錄影的那位同學，把臉靠近他的攝影機問：「那你呢？是我『忠實』的學生嗎？」

他面對老師突然趨前一問，把手機往內拉了一下，也點了點頭，我頓時感覺上課氣氛輕鬆多了。

我繼續跟他們分享品牌建立的不容易，「要有理想理念，但更多時候要有很強大的堅持。一個有內涵的品牌，它有中心思想，可以禁得起歲月洗禮，不會隨波逐流，但它也要能夠順應時勢，堅持做對的事。」

跟同學說明的時候，其實也是在強化自我教育信念。現在的教學環境充滿挑戰，老師不能食古不化；但是，如果隨波逐流，害怕得罪學生，將來這社會怎麼辦？

那堂代課圓滿落幕後，我跟原授課老師提起課前的一幕，同事說：「忘了跟你說，我有請他們錄影。」我覺得好笑，幸好沒把學生錄影那件事當成衝突的延續，也順利將過程的情緒，轉化成為品牌教學的內容。

啄木鳥老師

方便不能當隨便，一旦隨便，不只事情做不好，連道理都會說不清。

同伴勉勵她，「人生精彩的地方，莫過於接變化球時，看看自己是否還微笑著。」

謙卑與勇敢

子容是一個熱心的學生，正因為如此，她承擔親善大使的主要幹部。那一年，團隊為出國而展開集訓，她剛好要到醫院實習，雖然心裏很關心，無奈也只能在晚上實習結束後才能跟大家一起練習。

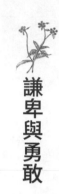

她認定自己這次出國角色不同，對自己有更大的期勉，也自我設定目標，「心境自然也要跟著改變，和去年不同，要有更多的耐力、承擔力、觀察力和領導力。」

但這身分的轉變，跟她實質上可以投入的並不一致，加上身旁的朋友又質疑她：「實習那麼重要，為什麼要將自己搞得這麼累？」她說，「這帶給我很大的衝擊，有很長一段時間我是迷惘的，也很多次想要放棄一切，覺得為什麼要把自己搞得那麼忙、那麼累、那麼辛苦？但我總是告訴自己：『堅持過了就是我的了！』」

子容熱愛親善大使這個大家庭，肯定這是個可以讓她成長、學會獨立自主思考，以及在大環境中與他人溝通、協調並學習如何作一個領導者的團體；她一心想要學習領導，最沒有想到的是後來事件的演變。

團隊出隊時，她的實習還沒有結束，比大家慢了三、四天才出門，我請秀珊代替她當學員長，負責整隊跟處理團員之間的大小事，等到子容歸隊時，再把棒子交給她。

團隊走到第三站子容才歸隊，她熱心地想要投入，也表現出「現在換我領導」的幹勁，一一跟人家糾正這、指導那的。我看在眼裏，心想她一定會碰釘子；果不其然，幾個同學開始抱怨了。

一天晚上，我召集所有幹部，跟大家說：「現在行程走到一半，聲音變多了，可以告訴我原因嗎？」一些同學開始表示幹部太兇，學弟、學妹覺得幹部不友善，大家紛紛提起團員不滿的細節。當然，可以理解一些幹部在過程中感覺受傷，覺得自己不過是管理紀律而已，也有人心裏可能臭罵那些學弟、學妹，居然會投訴自己。

看到大家洩氣、難過，我安慰他們：「老師覺得發生這些事情是正常的，因為我們行程走到一半了，本來就有很多的磨合。但看在我們還有一半的行程要走，今天晚上可以討論是件好事。大家作為幹部能夠正面討論問題，接著就要以積極的態度來改變這情形。」

「老師決定換學員長。」這句話對整個團隊來說是震撼彈。「換秀珊擔任學員長，子容就當副學員長好了。」我看一看子容，她很努力保持冷靜，反而是秀珊，她不只是措手不及，看樣子更是擔心子容的感受。

「原本只是幫忙伙伴代替她的位子，沒有想到主任給我一個變化球，由我來擔任學員長角色。我從來都沒有想過會承擔這重責大任，當下有點不知所措，因為自己本來就不擅長領導，對這角色覺得挫折、自責，害怕自己沒有能力去帶領學員。」事後，秀珊這樣表示，更自責取代了好朋友的領導角色。

「你們知道老師為什麼要這樣安排嗎？」那一刻他們只想知道答案，尤其替子容抱不平的好朋友更是，他們都想知道老師到底又耍什麼把戲？

我告訴她們，因為秀珊沒有個性；子容雖然有個性，但個性不夠強大。這樣說是很難讓所有同學心服口服的，我只好補充：「剛才聽你們描述學員的種種投訴，我只覺得，今年的同學都很有個性，如果你們學不到老師那麼強大的個性，根本震攝不了他們，只有大小衝突不斷。但是秀珊個性溫和，她不會跟人家吵架，默默地幫助學員，至少還可以讓我們的團隊維持基本的和諧。」

我確認其他幹部沒有意見後，單獨留下子容談話。「你不要難過，老師這樣安排，其實是在幫助你。」

我跟她分析自己看到的她。在她實習期間，同學都忙著集訓，大家都很疲憊；出國後，就是沒有她的三、四天，團隊也好好存活下來了，但她一下飛機就馬上化身為指導，「你都沒有先觀察，這裏還有老師在呢！難道你來了我們會更好？那你不在的時候，別人怎麼辦的？」

這樣的對話是很不容易的，還好這年輕人接受了老師的建言，即便很痛。事後，她回饋說，「這趟旅程中，可惜的是沒有從一開始就和大家一起出發，沒有辦法參與前一段的旅程。更多的遺憾就是一開始很難融入大家，總覺得自己跟大家格格不入。回想起來，我沒有把自己準備好就投入團隊，造成很多人的困擾。也讓我學會應該要先觀察，而不是一開始就插手，反而造成更大的反效果。老師告訴我必須縮小自己，才能成就團隊，讓自己成長。」

子容還說：「最大的收穫，就像《靜思語》所說的：『人唯有縮小自己，放大別人，才能走入人心。』」

我很欣慰子容經歷那麼痛苦的成長過程，還懂得找《靜思語》來自我調適、自我反省。「一直以來，我把『自我』放得太大，沒有辦法去觀察別人、融入大家。經過這趟旅程，我了解自己還有很多不足處，還有很多地方需要學習，老師總是耐心教導我，告訴我哪裏做不好，哪裏需要改進。我很感恩和老師有這分因緣，發願要在老師身邊好好學習，不只是領導方面，還有更多做人處事的道理。做到不只是『乖』，還要『巧』！」

「乖」、「巧」二字是我回應學生普遍的反應能力而提出的。他們普遍都可以很乖，但就是不靈巧，每次遇到一點變化，就會被卡住，讓人納悶：大學生為什麼一點應變能力都沒有，一個變化球就會讓他招架不住？所以我要求他們：「乖，還要巧，才叫做『乖巧』。」幹部們要把團隊的精神，跟學弟、學妹們一直傳下去。

那次子容難過、感覺低潮時，就有同伴勉勵她，「靜下心想一想，做錯了什麼？要改進的地方在哪？才會進步。將挫折視為生命中寶貴的經驗，這是一種承擔和學習。人生精彩的地方莫過於接變化球時看看自己是否還微笑著。」

他們之間會講出比我還有哲理的話，我很開心。其實，真要接這顆大變化球的秀珊才是戰戰兢兢，「我甚至想要逃避這責任，但轉個念，感恩主任給我這機會，讓我能學習、成長更多，遇到更艱難的問題能夠更正向去面對。」她也感恩子容和其他同伴，在她無助時給予鼓勵和陪伴；在她遇到困難時，給予建議和方向，讓她可以學習解決問題。

對我來說，最好的消息是子容和秀珊並沒有因為這一次身分更動而生嫌隙，反而成為摯友；她們彼此勉勵，也形成一個共同領導的團隊。秀珊體會道：「證嚴上人說，君子如水，隨方就圓。在每個地方都能放下身段，並且融入其中，借力使力，多看別人的優點，運用別人的長處，來共同成就這個團隊，是我這次最大的收穫。」

看著兩位同學前後畢業，一個比以前更謙卑，一個比以前更勇敢，我真替她們高興。

啄木鳥老師

很乖的學生普遍都不靈巧，遇到一點變化就會被卡住。乖，還要巧，自我訓練應變能力，才不會一個變化球就招架不住。

嚴厲多過鼓勵

我可以同理她的身世，以及自幼形塑的行為表現，
但不贊同她一直處在缺愛、需要被愛的狀態。

畢業的小雨回學校演講，她侃侃道來自己充滿考驗的成長歷程。但這一切都過去了，她現在開展新的人生，就像雨後的彩虹般，很亮麗。讓人臉紅的是，她提到在學校遇到了我這個老師，「這些年來，麗華主任給我的永遠是嚴厲多過鼓勵。」

這句話確實是經典。我對她可憐的身世非但沒有同情心，還不斷要求她要自力更生，最不愛看到柔弱的她在情感上對人有太多的依附。至少在她跟我之間，我對她絕對是嚴厲的。

小雨出生在單親家庭，來學校念五專時，第一個寒假參加了校內營隊，但營隊結束時，聽隊輔媽媽說她不想回家，我第一個念頭是：學校規定寒假宿舍要淨空，我到哪裏安頓她？

「為什麼不回家？」

「我媽媽說，這次放假不要把行李寄回去，她的男朋友最近很暴力。」

「還有其他親戚家可以去嗎？」

「他們的狀況也很複雜。」

小雨說明了幾個情形，我真的相信她需要被保護。但也在對話中發現，她口齒伶俐，就是哭著也可以把自己的悲傷處境說得很清楚，果然就是有家歸不得的難處。我決定幫她申請宿舍，叫她來辦公室辦理。只是隔沒幾天，她又說自己處理好去處了，我也不再多問。

當時我沒教她這一班，想到如果要繼續關心這個學生，唯有讓她參加我們的親善大使團隊。我跟她提起，「你如果想出國，可以跟同學一起來。」

第二學期開學，她真的過來參加培訓課程，也參加出國遴選。後來選上了，正準備出國時，同事告訴我，這孩子有刺青。

一見面，沒有其他開場白，我直接跟她說：「給我看看你的刺青！」

她將左手伸出，內側是四個英文字母「ＳＯＵＬ（靈魂）」，刺青下方盡是自己割的累累傷痕。

「你為什麼會去刺青？」我很想多了解。

「媽媽帶我去做的。」我沒有再多問下去，但知道這個孩子需要幫助。

那年我們為出國準備的一齣兒童劇，角色很多元，有各種動物，還有蜜蜂和花朵。她剛好飾演一朵花，我請來舞蹈教練教他們。結果，教練一眼就看出，在那麼多花朵中，有一朵花特別黯淡、特別沈默；不用想，就知道一定是指她。

她那愁眉不展的狀態，也不是一時半日就可以改變過來的。所以，訓練期間小雨也吃盡苦頭，因為她的愁容太突兀了，總不時被糾正。所幸最後她也完成了集訓，跟著同學一起出門。

我們第一站來到緬甸，那邊有很多孤苦無依的孩子，年紀小小就得出來工作。其中幾個未成年的孩子，分享自己如何用頭頂扛著鋪柏油路要用的小石子，在工地間來來回回，每天工作十三小時，所得不過四、五塊美金，真的很辛苦。小雨邊聽邊哭，突然決定跟大家分享自己的故事。

原來，小雨有個同母異父的哥哥，媽媽生下她之後，在她還來不及認識爸爸是誰，媽媽就跟爸爸分開，跟別的男朋友在一起了。媽媽的新男朋友跟他的兒子都有家暴習慣，也曾用滾水燙她，她怕得連家都不敢回。小雨說著說著，幾度哭得不能自已，可見家暴陰影讓她格外受傷；我趨前安慰，也想讓她下臺喘口氣，但她堅持要把自己的故事講完。

小雨說：「那時候，只要可以在外面，我就不想回家。」她去打工、她曠課，她所描述的種種畫面，讓我連結了她手上自殘的傷痕。「我快活不下去，我活得像行屍走肉。」我終於了解為什麼媽媽會帶她去刺青，為什麼是「靈魂」這個單字，媽媽一定也希望她能好好活著。

在場的每個人聽她述說生平，無不陪她哭泣。那一場分享，是小雨走上療癒之路的開始。我記得在她講完後，每個人都上前擁抱她、鼓勵她，我也心疼地跟她說：「總有一天，你再敘述自己的故事而不哭泣時，就表示已經復原了！總有一天的。」

沒有想到這次小雨回來跟學弟、學妹演講，竟然沒有忘記我曾經如此跟她說過，這次她不只沒有哭泣，還很有自信地勉勵學弟、學妹：「主任告訴我，苦難不過是幸福禮物的包裝紙。」沒錯，我的確如此說過。

那時我問學生，「改變是在一念間，還是改變需要時間？」學生當然各有答案。我跟大家說，需要時間的人，是因為被包在包裝紙裏，感覺窒息、無力。但如果感知改變可以在一念間，就像知道那就是一張紙而已，你可以輕易擊破它。

在緬甸，小雨看到有人處境比她辛苦，「見苦知福」讓她把握機會，把自己的故事跟同學分享，在心理學來說，就是一種「導瀉（carthasis）」，起了情感淨化作用。

之後，我們繼續啟程前往馬來西亞、新加坡，準備進行兒童劇巡迴演出，小雨告訴自己也告訴同伴：「我是花，不是花瓶，我要讓花朵盛開。」她是聰明的孩子，找到了自己的角色，也啟開了自我療癒動能。行程中我一直觀察這個孩子，或許曾經受傷，她特別敏感也特別懂得照顧人。

有一次同伴犯錯了，我疾言厲色地訓話，其他人都對犯錯的人退避三舍，以免遭受池魚之殃，只有她不畏懼地趨前給同學溫暖。

只是畢竟年紀小，經歷了身心受創，小雨不時生病，一會兒感冒，又一會兒發冷、發燒。懿德媽媽來看她，總會多關心一些，給她溫暖的擁抱。有一次剛好被我瞧見了，我告訴她：「懿德媽媽就是再溫暖的熱敷墊，再好，待會兒也要回臺北，你最好自己發光發熱。」聞言，大家都笑了。

我跟懿德媽媽們說：「這孩子，你們可以愛她、給她溫暖，我卻需要給她冷水，讓她清醒。」人，最怕的是本來情感的支持，可以讓我們好好活著，但是最後變成情感的依附、情感的不滿足，老覺得自己可憐，全天下的人都欠我，這樣的「受害者」心態，只會讓人覺得乏力。

我們可以同理小雨的身世、形成的行為表現，但不一定要贊同她一直處在缺愛、需要被愛的狀態。我跟小雨說：「人生劇本自己寫，自編自導還自演。要把自己人生的這一齣戲演好，就不要有太多的悲情。不只如此，最後還要將它變成一齣喜劇。」

過去，只要知道學生的身世背景，我們容易把他們的不幸歸因於家庭問題，也常常對他們的處境表達同情。只是，現在我知道，這其實也是另一種形式的「貼標籤」。我們這麼做的同時，不知不覺是在暗示她，這是她生命的結局，她沒什麼希望，也沒有什麼機會改變了。

但事實不是這樣的，這正是為什麼我長久以往，從來都是給她「嚴厲多過鼓勵」的原因：她不可憐，她可以更好！

五年之後小雨畢業了，她代表畢業生演講時說道：「懿德媽媽這五年來給我的溫暖，足夠我受用一生。」她不過就是借力使力而已：別人給她的溫暖，她感恩但不依賴，真正的力量都來自她自己重建的信心。

小雨跟學弟、學妹演講時提到，雖然她才五專畢業，但是跟她同一期進到ＩＣＵ病房的幾個學姊已經被打敗、離職了。她不只沒有被打倒，還提前被認證可以獨立在開刀房操作。

那一刻，我聽出她心裏的驕傲和自信，我的眼角也止不住淚水。模糊的視線，看著不再哭泣的小雨，內心既安慰也驕傲。

啄木鳥老師

情感的支持，可以讓人活得更勇敢；情感的依附，卻會讓人變得不滿足。

國家圖書館出版品預行編目（CIP）資料

針鋒不相對／謝麗華作
初版 — 臺北市：慈濟傳播人文志業基金會，2020.04
344 面；15×21 公分 —（水月系列；10）
ISBN 978-986-5726-84-3（平裝）
1. 教育 2. 文集
520.7　　109002173

水月系列010

針鋒不相對

創辦人／釋證嚴
發行人／王端正
平面媒體總監／王志宏

作者／謝麗華
插畫志工／蘇芳霈
主編／陳玫君
企畫編輯／邱淑絹
特約編輯／洪淑芬
執行編輯／涂慶鐘
美術指導／邱宇陞
美術設計／曹雲淇
出版者／慈濟傳播人文志業基金會
112019 臺北市北投區立德路 2 號
編輯部電話／02-28989000 分機 2065
客服專線／02-28989991
傳眞專線／02-28989993
劃撥帳號／19924552　戶名／經典雜誌
印製／新豪華製版印刷股份有限公司
經銷商／聯合發行股份有限公司
231028 新北市新店區寶橋路 235 巷 6 弄 6 號 2 樓
02-29178022
出版日期／2020 年 4 月初版一刷
定價／新臺幣 300 元

系列

系列

肖

系列

水月

系列